英烈初心

吕其庆 著

人民出版社

责任编辑：刘　伟
责任校对：吕　飞
版式设计：庞亚如

图书在版编目（CIP）数据

英烈初心 / 吕其庆 著 . —北京：人民出版社，2019.6
ISBN 978 – 7 – 01 – 020476 – 5

I. ①英…　II. ①吕…　III. ①革命烈士 – 生平事迹 – 中国
IV. ① K827=6

中国版本图书馆 CIP 数据核字（2019）第 038597 号

英烈初心
YINGLIE CHUXIN

吕其庆　著

人民出版社 出版发行
（100706　北京市东城区隆福寺街 99 号）

中煤（北京）印务有限公司印刷　新华书店经销

2019 年 6 月第 1 版　2019 年 6 月北京第 1 次印刷
开本：880 毫米 ×1230 毫米 1/32　印张：9
字数：186 千字

ISBN 978 – 7 – 01 – 020476 – 5　定价：50.00 元

邮购地址 100706　北京市东城区隆福寺街 99 号
人民东方图书销售中心　电话（010）65250042　65289539

序

为初心画像

看了其庆同志的《英烈初心》，深受启发，这本书是在为初心画像。该书系统而全面展现了革命不同时期革命烈士的初心，其中的一篇篇通过英烈后人讲述出的故事，难能可贵地解答了这样一些问题：我们中国共产党不同时期的英烈的初心是什么？为什么会生发出这样的初心？在革命战争年代，尤其是危险和关键时刻，革命英烈如何坚守初心？在和平年代，他们的后人又如何传承初心？革命英烈具体而真切的初心又是如何凝练成“为人民谋幸福、为民族谋复兴”这个共产党人共性的初心和使命？这本书对这些问题都有清晰而具体的回应。除此之外，从更大维度来看，该书还有这样四个方面的价值。

第一，着眼坚定理想信念，强化革命传统教育。党的十八大以来，以习近平同志为核心的党中央高度重视理想信念教育，强调人民有信仰，民族才有希望，国家才有力量。共产党人的理想信念不能忘，党的优良传统不能丢。本书通过采访革命后代，再现前辈事迹和精神，再现革命战争年代里革命者的内心信仰，以讲故事的形式深刻阐发“革命理想高于天”。习近平总书记指出：“坚定理想信念，坚守共产党人精神追求，始终是共产党人安身立命的根本。”在新的历史时期，面对更加艰巨的改革发展任务，我们需要把革命先烈的初心，传递到每一个共产党员的头脑中，不断增强“四个意识”，坚定“四个自信”，牢记“两个维护”，矢志不渝为中国特色社会主义共同理想而奋斗。

第二，着眼筑牢精神纽带，强化社会主义核心价值体系和核心价值观教育。党的十八大以来，以习近平同志为核心的党中央高度重视弘扬革命传统和传承红色基因，提出要让红色基因代代相传。革命英烈是革命文化和红色基因的重要载体，本书通过再现不同时期革命英烈的初心，有助于彰显红色文化的恒久魅力，也是涵养社会主义核心价值体系和社会主义核心价值观的有效途径。

第三，着眼爱国主义教育，反击历史虚无主义思潮。本书从英烈后人的视角展开，能够使英烈更可亲可敬且可信。近年来，历史虚无主义思潮甚嚣尘上，他们惯用的手段之一就是抹黑英烈人物。本书通过革命英烈的后代的口述，还原真实历史，能够使读者亲近英烈，引发爱国共鸣，有利于提振民族精神，是对历史虚无主义进行的强有力的反击。

第四，对革命英烈后代的抢救式、连贯性采访，具有较高的史料价值。革命英烈后代年事已高，其中大多已是耄耋老人，甚至有些都已迈入鲐背之年，且体弱多病，他们对父辈的回忆弥足珍贵，对他们的采访可以说带有抢救性质。

马克思说过，“我们的事业并不显赫一时，但将永远存在”。时代变迁，每一代人的人生观和价值观可能不尽相同，但主流是不变的，那就是将个人的生命融入伟大的事业，汇入时代发展的潮流。这既是一种责任和奉献，更是对自我的提升和完善。中国革命的先驱虽已长眠，但他们留给我们的精神财富，包括这弥足珍贵的初心，将世代长传，永不落幕，永不过时。

中央组织部原部长

自序

寻找初心

不忘初心，方得始终。中国共产党人的初心和使命，就是为中国人民谋幸福，为中华民族谋复兴。革命战争年代，无数仁人志士、英雄儿女为了民族独立、人民解放献出宝贵生命。“一寸山河一寸血，一抔热土一抔魂”。党的十八大以来，习近平总书记先后十余次来到革命老区追忆英烈。正是这些被热血浸透的信仰，将许多人汇聚到马克思主义旗帜下，为了民族独立、人民幸福，他们将小我融入大我，用行动和献血践行了共产党人的初心和使命，谱写了一曲曲动人的生命之歌。

英烈，是中国共产党精神和宗旨的集中体现。缅怀英烈，就是不忘中国共产党的初心。2015 年开始，笔者开始了一段寻找“初心”的旅途，通过寻找先烈，寻访英烈后人，寻找历史文物，查阅历史文献，来还原老一辈革命家和革命烈士的初心。截至 2017 年底，先后采访了四十余位在世的老一辈革命家和英烈，或是他们的后人，涵盖各个革命时期。现将其中有代表性的近二十位整理成文。这些文章通过当事人的口述，解答了这样一些问题：英烈的初心是什么；为什么会有这样的初心；在革命征程中，尤其是危险和关键时刻，如何坚守初心；在和平年代，又如何不忘初心、坚持初心，他们的后人如何将初心传承下去。人民出版社给了将这些故事成书出版的机会，得以让这些初心的故事呈现在读者面前。

在对诸多英烈后人的采访中，印象最深的一位是飞夺泸定桥22位勇士之一刘金山的女儿刘苏芳。飞夺泸定桥打通了红军继续前行的生命线。这段采访之所以给笔者留下深刻印象，主要基于以下几点。

一是寻找的过程很曲折。飞夺泸定桥是红军长征打的关键战役的关键一环，战斗的过程惊险壮烈，成为家喻户晓的一段历史。但夺桥的这22位勇士有没有胜利走出长征，有没有参加日后的革命战争，有没有成家留下后代，这些都是不确定性因素。

二是采访的过程很艰难。直到辗转找到王永模，他是泸定县党史专家，当过红军，后来致力研究长征，对泸定桥22位勇士的研究尤为详尽，一直在寻找22位勇士下落，并陆续确定了12位勇士的身份，刘苏芳是仅能联系到的22位勇士的后人，但刘苏芳身体有一阵子一直不好，约访的时间一拖再拖。直至2016年7月，泸定举行大型纪念红军长征胜利80周年活动，笔者在泸定得以见到来参加纪念活动的刘苏芳。2016年7月在泸定采访刘苏芳期间，她一直很忙，接受媒体采访，去学校给孩子们讲父辈故事，看望老红军，还时常到泸定桥旁给来来往往的游人讲飞夺泸定桥的战斗故事。对她的采访，基本是在吃饭以及晚上进行的。在刘苏芳身边采访的三天时间，笔者能感受到她对泸定这片土地的深厚情谊。她身上弥散着一种使命感和紧迫感，总想在泸定有限时间里多做点事，不停地讲话，对着不同的人讲，直至嗓子嘶哑。她的大脑不停运转，有时旁人无意间说到一个她知道的情况，她会立马接过话头讲下去。她的身体和思维，像一部被设定程序的机器，不停地运转。但能明显感到，她身体是极度虚弱和疲惫的，在她一个人的时候，她的眼神会陷到一个方向，许久拔不出来。

三是刘金山烈士低调的一生留下太多震撼。刘金山走完长征后，继续南征北战，革命战争贯穿着他整个生命，在抗日战争中，他腹部受伤，生命垂危的时刻，白求恩给他接上一根羊肠子维系生命。就这样一位身经百战的英雄，到了晚年却保持着比常人还艰苦朴素的生活作风，生命后期他双目失明，吃饭时他怕因看不见而遗漏了没吃完的粮食，每餐都会把碗捧起来，像小孩子一样，把碗舔一遍确保碗里没有剩饭。

她每次来泸定，都不舍得离开，她深爱着这里的群山、河水、草木和人情，并不是她贪恋泸定所给予她英雄后人的光荣待遇，而是她感恩泸定所给她的精神上的信仰，用她的话讲：在泸定她获得了精神上的重生。在她人生最暗淡最迷茫的时候，泸定向她伸出了怀抱，如同父母接纳游子一般，把她接回了家。那段最灰暗的日子，亲人接连离她而去，又遭受了差点夺走生命的车祸，厄运接二连三，头发大把地往下掉，让她丧失继续与生活战斗下去的信心，这时，王永模老先生给她打来电话，极力劝说刘苏芳到泸定看看。刘苏芳第一次踏进这个陌生的地方就受到极大震撼，她从王老那里得知了父亲很多的事，她崇拜王老：一个没有血缘关系的人，对刘金山的了解，竟比她这做女儿的懂得多得多。她第一次知道父亲与勇士们的壮举，在父辈面前她感到自己的渺小，感到自己那些的失意更加微不足惜。

之后，她经常来泸定。从苏州到泸定，两千多公里，她把不多的退休工资都用在往返路费上。由于常年研究的结果，刘苏芳对长征历史很熟悉，讲起来滔滔不绝，但话题一旦落到父亲身上，涌泄的话语便一下截流，是哀伤抑或是愧疚，不可名状的复杂情绪，让她难过，数度落泪，几次哽咽。笔者生怕她受太多刺激而要放弃采访，好在之后我们微信上一直有联系，在微信里她讲了好多关于父亲的话，而这些细节慢慢拼凑起一个完整的刘金山的形象。笔者与刘苏芳最近一次的联系是 2017 年 1 月，她又去了趟泸定。她微信上发来很长一段文字，告知 2016 年王永模突然发病的情形。2016 年 7 月，她与王老在安顺场配合中央台拍片子。王老年纪大了，又有高血压，在高温下连续拍片，血压升高，血管破裂，当场昏迷。幸好刘苏芳懂一点医学，又长时间护理母亲，司机小朱也参加过汶川大地震救援。他们一路飞奔，从安顺到泸定得妥乡卫生院，又从得妥到石绵第一人民医院。路上三个多小时，刘苏芳一个人护理，心里一直念着她父亲的名字，让他在天上护佑王老。此后，她一直放心不下，2017 年 1 月，她去看望恢复中的王老。

不忘初心，从不是一个抽象的口号，她是为信仰慷慨赴死的壮举，她是为践行宗旨鞠躬尽瘁的承诺，她是一个党从小到大的动力源泉，她是一个党永葆先进的基因，她是一个党继续走向强大不应丢弃的优秀品质。初心易得，始终难守。在刘金山、王永模、刘苏芳身上，却可看到“始终”的可贵：刘金山和战场筋骨连在一起，一生信念坚定，淡泊名利；王永模为传承红军精神而奔波忘我，并最终倒在宣传红军事迹的“战场”上；刘苏芳用一种质朴不讲回报的执着，去朝拜父辈的信仰。

目　录

1 何叔衡后人三代务农

——湖南宁乡县沙田乡杓子冲村采访何氏后代

初心小记：由于年代相隔久远，后人对何叔衡的精神风范，只能通过家书中的只言片语去感悟。1928 年，何叔衡远赴莫斯科，到 1930 年夏回国，在苏期间写给儿子新九多封家书，其中有一封写道，“我的人生观，绝不是想安居乡里以求善终，绝对不能为一家一身升官发财以愚懦子孙。此数言请你注意”。这掷地有声的话语，是最早一批共产党人的初心的真实写照，也成为何门重要的家训。

故居前的雕塑

从长沙驱车经过三个多小时的山路颠簸，便到了宁乡革命老区沙田乡。这里孕育了中国共产党创始人之一、中国共产党第一次全国代表大会代表何叔衡，“延安五老”之一、新中国第一任最高人民法院院长谢觉哉等伟大历史人物。如今作为湖南省历史文化名镇，沙田乡保存有三个国家级文物保护单位：何叔衡故居、谢觉哉故居以及惠同廊桥。

位于长沙宁乡的何叔衡故居

过沙田乡政府不远，有一条右拐的乡村道路，行约一公里，就来到何叔衡故居。何叔衡故居建于清乾隆五十年（1785 年），为一所具有浓郁宁乡特色的普通农舍，依山傍水，院子有平头槽门，门额上端悬挂胡耀邦同志题写的“何叔衡同志故居”匾额。正方有檐下走廊，中辟天井。

朴素的后人

清光绪二年（1876 年），何叔衡诞生于此，在这里度过了他的青少年时代。如今，一百多年过去，何叔衡故居古朴清静，前坪里安放着何叔衡半身塑像，故居内复原陈列有何叔衡的居室、书房等，以供瞻仰怀念。而他的后人一直留守在故居所在的杓子冲村，在深深浅浅的山坡里耕种劳作，过着面朝黄土背朝天的务农生活。

2015 年 5 月 14 日上午，笔者在何叔衡故居见到了何家后人，面前的这些老乡，衣襟沾满泥土，皮肤黝黑，头发斑白，上点岁数的背已佝偻，握住他们的手，粗粝的老茧像荆棘刺入手掌。

他们中有何叔衡的第二代后人和第三代后人，都是何叔衡唯一的儿子何新九的直系后裔，因何叔衡身下没有儿子，将九侄何新九过继为子，以慰父母。何新九育有四男三女，目前除 83 岁的二子何霞飞外，其他均已辞世。笔者在采访中见到了何霞飞老人，还有他的二子何光华、二儿媳李国辉，和大儿媳李小良，以及何新九的长孙，年过六旬的何盛明，他也是何叔衡第二代、第三代后人中唯一一个离乡最远，见过“大世面”的。2009 年，何叔衡荣膺“100 位为新中国成立作出突出贡献的英雄模范人物”，作为家属代表，何盛明应邀出席了北京的颁奖仪式，并受到了胡锦涛的亲切接见。

何新九二子何霞飞（左一）

何盛明、何光华这一辈的子女都已成年，大部分已离开村庄进城务工，但身份还是杓子冲村的村民，

可以说何家第二、三、四代后人，三代务农。

随同采访的乡宣传委员胡跃波告诉笔者，他们都是放下锄头从山上赶过来的，听后，笔者为耽误他们农忙而面带歉意，胡跃波又补充道，“他们每天不定时地来故居看看，遇上过来参观的，就讲两句他们公爷的事情”。

采访中，笔者还见到了宁乡县文化馆的退休干部何光乾。他对何叔衡有着长久的研究，目前正在整理何叔衡家谱，随身携带的《永恒的叔衡》一书写着密密麻麻的注释。通过他们共同的讲述，笔者脑海里浮现出一个更为鲜活的革命先驱的形象。

第一次党内反腐的主导者

党的一大代表平均年龄 28 岁，何叔衡 45 岁。一大代表中有三名晚清秀才，陈独秀、董必武都是 17 岁中秀才，何叔衡中秀才的时候已 26 岁。37 岁之前何叔衡都在乡间做私塾先生。在旧环境成长的何叔衡没有落入时代决定命运的宿命，他批判封建制度，对真理的追求执着而炽烈，也因此在很多方面创下“年纪最大”的纪录：湖南第一师范年纪最大的学生、新民学会年纪最大的会员、党的一大年纪最大的代表……

何叔衡肖像

“宁乡四髯”合影，分别为长沙宁乡籍革命家姜梦周、何叔衡、谢觉哉、王凌波。1926年大革命期间，他们同在长沙从事民众运动，曾合摄一影，谢觉哉题“宁乡四髯”四字

1914年，何叔衡与毛泽东相识于长沙，二人志同道合，成为挚友，此后书信往来颇多。1917年7月，毛泽东和萧子昇游学湖南，考察农村时，路过沙田，在何叔衡故居住过三日。白天，泥砖土筑的院墙里，何叔衡召集附近几十名贫困农民与毛泽东进行座谈；晚上，小青瓦覆顶的土坯房中，三人点起油灯闭门长谈，探讨农村的出路、中国的出路……

“公爷在家中盛情款待了来此游历的毛泽东和萧子昇。毛泽东每天都要在门口小池塘里游泳”，何盛名告诉笔者。今日，故居门前的池塘依然碧波荡漾。

1915年4月，何叔衡南下长沙，1918年4月，与毛泽东、蔡和森等组织成立新民学会，曾任执行委员长。1920年，又与毛泽东等发起组织俄罗斯研究会，参加长沙共产党早期组织，开始了追逐共产主义信仰的步伐。1921年6月底，这对同乡挚友悄悄坐船离开长沙，顺流而下来到上海，于7月出席了党的第一次全国代表大会。1928年，何叔衡赴苏联莫斯

“新民学会”部分会员合影。三排左八何叔衡；五排左四毛泽东

科中山大学学习，1930 年 7 月回国后，在上海负责营救被捕同志，组织革命者去苏区。1931 年 11 月，何叔衡来到中央革命根据地，与毛泽东等参加了中央工农政府的领导工作。当选为中华苏维埃共和国中央执行委员会委员，任临时中央政府工农检察人民委员、内务部人民委员主任和中央政府临时法庭主席等职。此时的何叔衡已年近花甲。

何光乾告诉笔者，在何叔衡任职临时中央政府工农检察人民委员期间，一直有个想法就是——“政权从建立的那一刻起就必须被监督。不等群众上访，就先下访”。何叔衡经常带上干粮袋，亲自下乡调查，走访群众，了解群众的想法。通过田野调查，何叔衡发现有相当一部分县、区政府吞没公款，贪污腐化。为了加强检举、监督力度，工农检察部增设了控告局，利用生产空暇进行突击检查，并明确检察工作重点：要从各级领导干部检察起，要从上层领导检察起。并在各机关单位、街道路口到处设立一种特制的木头箱——控告箱，接受群众的检举，每一封群众来信都受到了重视，一旦发现腐败，立即严惩。何叔衡曾说过，“腐败不清除，共产党就会失去威望和民心！与贪污腐化作斗争，是我们共产党人的天职！”

“何氏”三姐妹

在宁乡，何叔衡三个女儿——何氏三姐妹的知名度不亚于宋氏三姐妹。她们分别是何实懿、何实山、何实嗣，三姐妹分别在沙田何姓家族同辈中排行第十一、十三、十四，取其谐音。

实懿贤惠，留在家中照顾母亲、爷爷；实山、实嗣随他走上革命道路。父亲走后不久，何实懿便嫁给了附近一个姓王的忠厚农民，尽自己最大的能力照顾、陪伴着爷爷和母亲。她一生没有走出杓子冲。29岁那年便因感染伤寒不治身亡。实山、实嗣先到宁乡县城读书，都是学潮骨干。1925年，姐妹俩在父亲的引导和安排下相继走上了革命道路。

1927年大革命失败后，何实山与何实嗣一同从长沙回到宁乡工作。此时的何实山已加入了中国共产党，并与幼年同伴、少时同学的中共地下党员夏尺冰结婚。1928年秋，何实嗣第一次踏上了上海的土地，但她没有见到父亲何叔衡，何叔衡此时已远赴苏联参加中共六大去了。组织上将何实嗣安排在由毛泽民负责的聚成印刷公司工作。在这里，一位上海小伙子逐渐引起了她的注意。他叫杜延庆，上海嘉定人，为人热情诚恳，对初到上海、人生地不熟的何实嗣照顾有加，还介绍何实嗣转为了中共党员。慢慢地，何实嗣对这个清瘦的上海小伙子产生了好感，她感到这位青年身上有一股力量在时刻感染、激励着自己向上。杜延庆也暗暗喜欢上了这个开朗大方的湖南妹子。这年冬天，印刷厂被查封了，毛泽民立即宣布疏散全部工人，听候党组织的下一步安排。1929 年春节后不久，杜延庆和何实嗣在毛泽民家里置办了一桌新婚酒席，一对有情人就在这样的危难时刻结成了革命伴侣。婚后，何实嗣随杜延庆回其老家嘉定。1930 年，他们的第一个孩子杜忠厚出生。何实嗣夫妇只在嘉定休养了几个月，便返回上海工作，小忠厚只好放在嘉定。回上海后，他们仍从事印刷工作，只是不在同一个厂。1930 年 9 月，杜延庆因印刷厂暴露而被捕，被判八个月监禁。1930 年秋，何叔衡返回上海。不久何实山、夏尺冰也来到上海。

何实山在来上海前已怀上了第二个孩子，由于路上的奔波劳累，她到上海不久便因病流产了，医生说她不宜再生育，动员她做了子宫切除手术。这意味着她从此不能再为人母。何实山养一段时间后，被组织分配到毛泽民负责的印刷厂，和妹妹实嗣同做装订工作。那时的局势已非常紧张，中共的地下机关大多被破坏了。何实山在印刷厂工作才几天，便与妹妹一道被捕了。在狱中，姐妹俩装成乡下来的年轻人，说是不懂政治，来上海做工，为了混口饭吃才到印刷厂当小工的，国民党的警察一时半会儿也拿不到其他证据，就暂时把她们关起来。

一个女婿和两个女儿先后被捕，令何叔衡心急如焚，正当他思谋着如何设法营救时，报上的一条消息却令他如雷击顶——夏尺冰在长沙英勇就义。夏尺冰是3月初从上海返回长沙的，由于交通员叛变，他刚到长沙就被捕了。敌人知道他是何叔衡的女婿后大喜过望，企图从他口中得到重要情报，便对他严刑逼供、反复提审，前后折磨了两个多月。他咬着牙，矢口否认自己是共产党员，终于使敌人老羞成怒。6月15日，夏尺冰以一腔热血染红了长沙的土地，用生命诠释了一名共产党员的坚定信念。

1931年，中共中央决定要何叔衡转移到江西中央苏区去。临行前，何叔衡对儿女们说："既要随时准备为革命事业献出生命，也要尽可能避敌锋芒，坚决不做不必要的牺牲。"然而，这竟成了父亲留给儿女的遗嘱。

1932年2月，经组织批准，何实山与中央交通局负责人陈刚结婚。1935年，何实山与陈刚被派往莫斯科工作、学习。1937年，全面抗战爆发，实山姐妹辗转来到延安，却没有见到自己日夜思念的父亲。谢觉哉老泪纵横地告诉他们，何叔衡早在1935年2月24日在福建长汀转移途中就不幸牺牲，他因为不愿拖累部队，纵身跳下悬崖。

1940年夏，何实嗣从重庆来到延安后，才从姐姐口中得知父亲早已牺牲，姐妹俩抱头痛哭了一场。这年重阳节，何实山、何实嗣夫妇四人相约来到宝塔山，采菊为香，将酒酹地，以抒发对父亲的无尽哀思……

在延安，姐妹俩经常见面。这段生活是愉快的。她们先后进入延安中共中央党校学习，结业后，何实山被分配到中央情报部，担任了人事处处长，何实嗣则留在中央党校秘书处工作。陈刚担任了中央社会部第二室主任，而杜延庆则干回老本行印刷工作，不久又担任了中央印刷厂副厂长。1945 年，他们分别以中央机关代表和四川代表的身份参加了中共七大。这是我党历史上一次具有里程碑意义的会议，同样也为何实山、何实嗣之后的人生道路指明了方向。是年底，陈刚与何实山远赴东北，从这时起，何实山更名为石础。次年初，杜延庆和何实嗣再赴重庆，开展工会工作。

在之后的岁月中，实山、实嗣姐妹一直遵循父亲教诲，坚持投身革命事业和祖国建设。新中国成立后，何实山当选为四川省政协副主席，1990 年病逝，享年 85 岁；何实嗣担任了北京市文史研究馆副馆长，1989 年逝世，享年 81 岁。

青山无言抱丰碑

位于长沙宁乡的何叔衡故居由于年代相隔久远，后人对何叔衡的精神风范，只能通过家书中的只言片语去感悟。1928 年，何叔衡远赴莫斯科，到 1930 年夏回国，在苏期间写给儿子新九多封家书，其中有一封写道，“我的人生观，绝不是想安居乡里以求善终，绝对不能为一家一身升官发财以愚懦子孙。此数言请你注意。”这掷地有声的话语，是最早一批共产党人的初心的真实写照，也成为何门重要的家训。

“只要能干、肯吃苦就有饭吃。我们都是靠自己的劳动自食其力。”何盛明告诉笔者，年轻时，他在

住在宁乡农村的何叔衡后人

桃江煤矿做过井下矿工，还当过钢厂工人，上了岁数后就一直在家种田。对于自己一生操劳，何盛明没有任何怨言，只是为自己的两个儿子感到遗憾，他们现在也靠苦力谋生，大儿子今年 35 岁，前两年在青岛工作，是海尔空调的一名安装工人，后来为照顾家人方便申请调到长沙，现在正跑街串巷地为客户安装空调。小儿子今年 31 岁，在常德工作，是中联重科的一名临时工，机床工人。“作为寻常百姓家，孩子结了婚有了小孩，衣食无忧，我也过得安心了”，何盛明补充道。

何光华、李国辉夫妇常年在家务农，有一儿一女，均已成年，子女上学期间因家中贫困，读到高一辍学。这些年，何叔衡故居一直由李国辉专职负责看管，乡政府每月支付给她 800 元。说到这里，一旁的老乡插话说，“其实政府不给钱，他们也常来照看。他们不是图钱。如果要挣钱，到宁乡县城当个保姆，每月还有两千的收入”。

何霞飞的大儿媳李小良在村里算得上文化人，她在村里当了 32 年乡村教师，2008 年正式退休。她 27 岁时嫁到何家，看中的不是别的，就是这家人本分厚道。如今，她的女儿随夫援疆，生活在乌鲁木齐。李小良最大的心愿就是能常见见自己 5 岁的小外孙。可是去一趟路费太贵。

李小良对笔者说，何家这么大个家族，后人很少有做出大事的，但个个都本本分分，靠自己的本事生活，“我们每天进进出出这间故居，心里堂堂正正，也对得起公爷”。

绕过何叔衡故居，沿屋后小山坡上去，就可看到一处坟头。一块普普通通的墓碑上刻着两个名字：何叔衡、袁少娥。袁少娥这位从未走出过小山村的农村妇女一辈子在这里守望：开始时是远行丈夫的平安音讯，后来是两个女儿的音讯，再后来是女婿，再后来是杳无音讯的牵挂与揪心，直到 1957 年过世。她生前的唯一遗愿，是能与何叔衡合葬。

远离尘世喧嚣的沙田隐踞在大沩山南麓，5 月的山景一片欣荣。结束采访后，笔者不禁回望这片红色热土，曾经风华正茂的少年，他们琅琅的读书声仿佛在峰峦之间回荡；曾经意气风发的青年，他们矢志报国、追求真理的脚步仿佛在潺潺涓水旁留刻。而他们的后人用一种质朴的方式，如这无言的青山一般，默默守护他们前辈为建设一个独立富强的新中国，义无反顾舍生忘死而留下的背影。

◎ 人物小传

何叔衡（1876—1935年），男，汉族，湖南省宁乡县人，中共党员。湖南省立第一师范毕业，清末秀才。无产阶级革命家，新民学会骨干会员，长沙共产党早期组织成员。

1928年6月，赴苏联出席中共六大。9月进入莫斯科中山大学，与徐特立、吴玉章、董必武、林伯渠等编在特别班学习。1930年回国，任共产国际救济总会等主要负责人。次年秋赴中央苏区，历任中华苏维埃共和国中央执行委员、工农检查人民委员、内务部代理部长和中央政府临时法庭主席等职。"左"倾错误统治中央后，被撤销全部职务。红军主力长征后，留在根据地坚持斗争。1935年2月24日，从江西转移福建途中，在长汀突围战斗中壮烈牺牲，时年59岁。

2 纪念大钊烈士文二则

之一：信仰的肇始

初心小记：“以青春之我，创建青春之家庭，青春之国家，青春之民族”，青春，在共产党创始人之一李大钊的笔下是“伟大的力量”，他短暂的一生一直与青年打交道，是青年的导师，为创办青春之国家，青春之民族，青春之党而献出了生命。2016 年 7 月 1 日，在纪念中国共产党建党 95 周年之际，笔者在北京重新瞻仰了李大钊故居，并约访了李大钊的孙子李建生，听他讲述爷爷李大钊创办中国共产党、加入中国共产党的使命和初心。

《北京大学日刊》合集封面

北大图书馆里珍藏着一份“北大日刊”，这份九十多年前的日刊上刊登了“马克思学说研究会”的成立启事。该研究会由时任北大图书馆主任的李大钊组织发起，成员有邓中夏、高君宇、刘仁静、何孟雄、朱务

1921 年，北京大学马克思学说研究会会员合影

善、罗章龙等 19 人，其中 14 人成为建党初期的共产党员。习近平总书记 2014 年“五四”到北大考察时看到这份启事，就曾感慨道：“追根溯源，看来源头在这里啊！”

1920 年 3 月 31 日，李大钊在北大成立了中国第一个马克思主义研究会——“马克思学说研究会”，时任北大校长的蔡元培专门拨了房间作为研究会的活动室，成员们亲切地称之为“亢慕义斋”，“亢慕义”取义于“共产主义”一词的德文音译。要做一个马克思主义者，首先必须做一个马克思的读者，在“亢慕义斋”里，李大钊组织有志青年搜集整理和翻译马克思、恩格斯、列宁等人的著作，他们时而伏案研读，时而走进群众中进行宣讲。青年毛泽东对于马克思学说的接触，就与这一研究会有极大关系。他曾回忆道：“我在北大图书馆当助理员的时候，在李大钊手下，很快地发展，走到马克思主义的路上。看了大量马克思主义的书籍，其中最重要的一本就是《共产党宣言》。”

“亢慕义斋”印章，以及盖有印章的藏书

如今，在北大图书馆依然能看到盖着“亢慕义斋”印章的共产主义文献。“亢慕义斋”的名字把博大精深的马克思主义学说与中国文明典雅、简洁地结合在一起。2016 年 7 月，笔者曾慕名专程寻访“亢慕义斋”旧址。

根据罗章龙等人的回忆，“亢慕义斋”位于北京景山东街 2 号，斋室内墙壁正中挂有马克思像，像两侧贴有一副对联“出研究室入监狱，南方兼有北方强”。笔者按图索骥，前去寻访旧址。但如今的景山东街，两侧是成荫的绿树和整齐的民居，并不见“亢慕义斋”任何痕迹，彼时进步青年的身影，早已消逝在老百姓锅碗瓢盆的日常生活中。

如今已无处寻觅的“亢慕义斋”旧址

位于北京文化胡同的李大钊故居

没找到“亢慕义斋”，笔者索性走进石驸马后宅胡同的李大钊故居。大钊烈士居住在这里的那段峥嵘岁月，见证了“亢慕义斋”的成立和北京共产党早期组织的建立。

李大钊故居的陈设极为朴素，仅有几件简单的家具。遥想过去，1916 年，留学归国的李大钊投身到如火如荼的新文化运动中，成为这场运动的一名主将。俄国十月革命的胜利极大地鼓舞和启发了李大钊，帮助他确立了共产主义信念，认为只有这一真理才能救中国，由此开始发表大量宣传社会主义和马克思主义的文章。

李大钊夫人赵纫兰

1919 年，李大钊公开阐明“我的马克思主义观”。次年初，李大钊和陈独秀在北京和上海分别着手筹建中国共产党，史

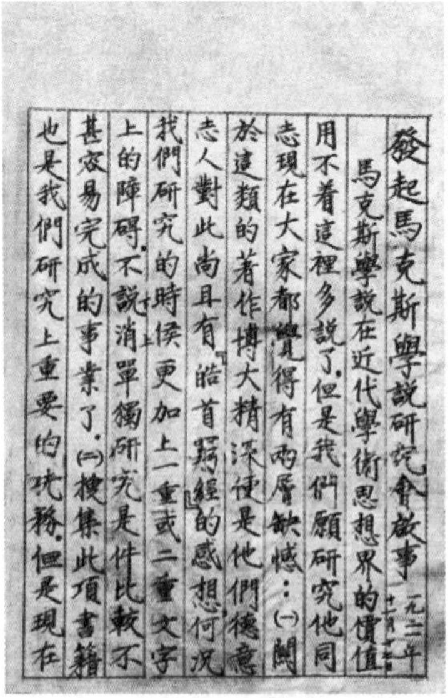

發起馬克斯學說研究會啟事 一九二一年十一月十七日

馬克斯學說在近代學術思想界的價值
用不着這裡多說了。但是我們願研究他同
志現在大家都覺得有兩層缺憾：(一)關
於這類的著作博大精深便是他們德意
志人對此尚且有「皓首窮經」的感想，何況
我們研究的時候更加上一重貳二重文字
上的障碍。不說消單獨研究是件比較不
甚容易完成的事業了。(二)搜集此項書籍
也是我們研究上重要的枕務。但是現在

1921年11月17日刊登在《北京大学日刊》上的成立马克思学说研究会的启事

称“南陈北李，相约建党”。陈独秀写信询问党的名称是否用“社会党”，李大钊回信一锤定音，就叫“共产党”。

当时，李大钊在北大任图书馆主任并兼任经济系和历史系教授，每月有200—240银圆的收入。按当时物价，2银圆即可买25公斤面粉，他本来完全可以过上富裕的生活。但据李大钊的学生张尔岩回忆：“他每天上下班不坐车，中午不回家吃饭时，自带干粮，有时是一张大饼，有时是两个馒头或窝头就点小菜和白开水下肚。他不吸烟，很少喝酒。”李大钊的夫人赵纫兰居然难以应付买米买菜度日的最低开支，直到校长蔡元培知道此事，亲自叮嘱学校会计，每月都要直接给李夫人送去一部分李大钊的月薪，以安排全家度日之用。

原来，据考证，李大钊把一多半薪金交了党费，用于维持马克思学说研究会的日常活动，以及购买共产主义文献。截至1922年4月，该研究会已有英文图书数百册，报刊上百种，设有英、德、法三个翻译组，出版了中文版马克思主义经典著作《共产党宣言》等。李大钊的一部分收入还用来资助学生，并经常到工人中宣讲共产主义，给工人买糖果茶叶。这样一来，留下的薪水确实微乎其微。

在白色恐怖下，中共中央为保护李大钊曾通知李大钊等人去武汉成立中央分局，李大钊却回答道：

“假如我走了，北京的工作留给谁做？我是不能轻易离开北京的。”1927 年 4 月 6 日，奉系军阀张作霖进入北京后，对共产党员进行抓捕，李大钊也被捕了，随后社会各界人士曾设法予以营救。李大钊写就《狱中自述》：“钊自束发受书，即矢志努力于民族解放之事业，实践其所信，励行其所知，为功为罪，所不暇计。”在狱中，敌人对他施以各种酷刑，企图获取更多党组织的信息，但李大钊忍痛作答：“大丈夫生于世间，宁可粗布以御寒，安步以当车，就是断头流血也要保持民族的气节。”最后，李大钊从容就义，他在绞刑架前挺直身躯发表了最后一次演说：“你们不能因为今天绞死了我，就绞死了伟大的共产主义，我们已经培养了很多同志，如同红花的种子，撒遍各地，我们深信，共产主义在世界，在中国，必然要得到光荣的胜利。”

1927年4月28日，李大钊牺牲时不满 38 周岁。在随后的日子，我们的党正如大钊同志所展望的那样，从建党初期的 50 多名党员发展到今天 8900 多万党员规模的世界第一大政党，在中国革命、建设、改革的各

“亢慕义斋”举办活动的通知

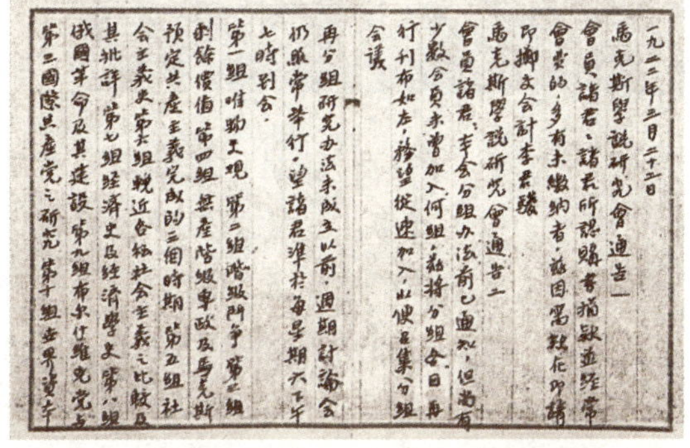
一九二二年二月二十二日

馬克斯學說研究會通告一

會員諸君：諸君所認購書捐款並經常會費的，多有未繳納者，茲因需款孔亟，即請即擲交會計李君騤

馬克斯學說研究會通告二

會員諸君：本會分組辦法前已函知，但尚有少數會員未曾加入何組，茲將分組會日再行刊布如左，務望從速加入，以便召集分組會議

再分組研究辦法未成立以前，週期討論會仍照常舉行，望諸君準於每星期六下午七時到會。

第一組唯物史觀 第二組階級鬥爭 第三組剩餘價值 第四組無產階級專政及馬克斯預定共產主義實現的三個時期 第五組社會主義史 第六組晚近各種社會主義之比較及其批評 第七組經濟史及經濟學史 第八組俄國革命及其建設 第九組布爾什維克黨與第三國際共產黨之研究 第十組世界資本

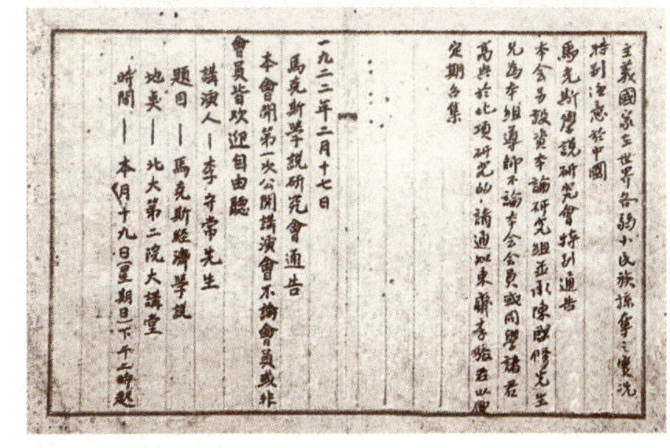
主義國家在世界各弱小民族掠奪之實況 特別注意於中國

馬克斯學說研究會特別通告

本會多設資本論研究組，並聘陳啟修先生為本組導師，不論本會會員或同學諸君，高興於此項研究的，請通知東齋李驗君，以便定期召集

一九二二年二月十七日

馬克斯學說研究會通告

本會開第一次公開講演會，不論會員或非會員皆歡迎自由聽

講演人——李守常先生

題目——馬克斯經濟學說

地點——北大第二院大講堂

時間——本月十九日（星期日）下午二時起

李大钊就义前的照片

个时期带领中国人民取得了让世人瞩目的成就。

纵观李大钊一生，他生活清贫，几乎没有任何物质享受，甚至在生命的最后时刻受尽折磨，但我们能说他的一生是不幸的吗?！离开李大钊故居时，正值傍晚，故居不远处的西单商业圈霓虹闪烁、人流如织，在物质极大丰富的当下，信仰似乎成为稀缺品，有的人“不信马列信鬼神，不信真理信金钱”，不用说甘为信仰而献身，就是为信仰坚守也难做到。这类人比的是金钱多少，比的是职位高低，却很少有比信仰的。幸福产生于人们对美好事物的不懈追求，而信仰表征着对美好事物和崇高价值的追求。马克思曾说过，“那些为大多数人带来幸福的人是最幸福的人”，而他也将毕生精力都献给了最壮丽的事业——为了人类解放而斗争！当我们觉得信仰可有可无，甚至为了物质而丢弃信仰时，这也正是我们背离幸福的时候。因此，做一个幸福的人，就要从做一个有信仰的人开始。

之二：青春的事业

——专访李大钊孙子李建生

2016 年 7 月 1 日，是中国共产党 95 周年诞辰。站在这个重要的时间节点上，回望中国共产党九十余载风云岁月，我们深切认识到，中国共产党与中华民族的前途命运始终紧紧联系在一起，与中国青年的命运始终紧紧联系在一起，当代青年要有所作为，就要坚定信仰跟党走。

中国共产党自成立之日起，就始终代表广大青年、赢得广大青年、依靠广大青年，在革命、建设、改革各个历史时期，我们党始终高度重视青年、关怀青年、信任青年，对青年一代寄予殷切期

1920 年 7 月 8 日，李大钊（前中）与《晨钟报》编辑部同仁在北京中央公园（今中山公园）的合影

望；从来都把青年看作祖国的未来、民族的希望，从来都把青年作为党和人民事业发展的生力军，从来都支持青年在人民的伟大奋斗中实现自己的人生理想。

青年兴则国家兴，青年强则国家强。国家的前途，民族的命运，人民的幸福，是当代中国青年必须和必将承担的重任。一代青年有一代青年的历史际遇。我们的国家正在走向繁荣富强，我们的民族正在走向伟大复兴，我们的人民正在走向更加幸福美好的生活。当代青年要在时代的舞台上展现风采、发光发热，就必须在党的坚强领导下，意气风发、坚定不移地沿着中国特色社会主义道路前进，努力为实现“两个一百年”奋斗目标、实现中华民族伟大复兴的中国梦贡献青春的激情和力量。

“以青春之我，创建青春之家庭，青春之国家，青春之民族”，青春，在共产党创始人之一李大钊的笔下是“伟大的力量”，他短暂的一生一直与青年打交道，是青年的导师，为创造青春之国家，青春之民族，青春之党而献出了生命。在纪念中国共产党建党95周年之际，笔者在北京约访了李大钊的孙子李建生，听他讲述爷爷李大钊的信念和初心。

李大钊共有三子二女：李葆华，李大钊的长子，1909年出生；次子李光华，1922年出生；李欣华是李大钊的小儿子，1927年出生；长女李星华，1911年出生；次女李炎华，1919年生。随着2012年2月李光华的去世，李大钊的子女已全部离开人世。

李建生是李大钊次子李光华的儿子，李建生还有一个弟弟，6岁半发烧引发脑炎，从此生活无法自理，受家人悉心照顾，直至2012年9月离开人世。

李建生在李大钊故居为小学生宣讲大钊精神

自 2011 年 12 月从工作岗位退下来后，李建生便一心投入李大钊精神研究和弘扬上。笔者在位于北京市文华胡同 24 号院的李大钊故居，以及位于北京市西城区月坛北街的李建生的家中，对其进行了专访。因李建生对大钊及党史有着独到而深入的研究，笔者记录下与他的对话。他一家三口一直住在这套不足 50 平方米的老旧单元房里。李家后代保持了谦虚、简朴的生活作风，家人从未因个人问题向组织伸手。

李建生在李大钊故居前讲座

“如果没有大钊烈士，马克思主义在中国的传播与实践就很可能推迟”

笔者：李大钊不论是在党史还是国史上，都开创了许多第一，他是第一个与共产国际代表商谈建党的中国马克思主义者，是党的主要创始人，是为了中国人民解放事业牺牲的第一位中共主要领导。作为大钊的后代，您如何看待祖父的历史功绩？

李建生：关于爷爷的历史功绩，党的中央委员会在 1983 年 9 月为大钊烈士撰写的碑文中已全面阐述和评价，并通常称李大钊是伟大的马克思主义者，杰出的无产阶级革命家，中国共产主义运动的先驱，中国共产党的主要创始人。对此，作为大钊烈士的后人，我们觉得对党的事业、国家和民族的解放、复兴而言，大钊烈士起到了在思想、组织、宣传、骨干人才培养、积累实践经验等方面奠基石的关键作用，正如林伯渠同志在纪念大钊烈士诗中所言“微言如闪首传真”“登高一呼群山应”。

笔者：习近平总书记从“看家本领”和“必修课”的高度，强调认真学习和系统掌握马克思主义基本理论的重要性。李大钊是在中国系统传播马克思主义的第一人，可否着重谈下他对马克思主义传播所作的历史贡献？

李建生：确实如你所说，单就选择和传播马克思主义方面，如果没有大钊烈士在 1918 年到 1919 年之间决定性的突破，马克思主义在中国的传播与实践就很可能推迟。他的勤奋、他对真理的执着以及他高尚的个人品格，是马克思主义真理得以被先进知识分子率先接受并迅速在中国传播的必要条件。

大钊烈士在日本留学时，就接触过社会主义和马克思的著作，在思想上也受到了日本社会主义者的影响。回国后，也没有停止过对国际社会主义运动的观察。1917 年俄国十月社会主义革命胜利后，他从中看到了中国民族解放和国家复兴的希望，社会主义救中国成了他毕生的信念。应该说，从十月社会主义革命胜利到 1919 年《我的马克思主义观》发表，爷爷完成了民主主义者向共产主义者的转变，成为中国最早的马克思主义者和共产主义者。

大钊烈士选择马克思主义，除去主义自身的科学和真理的因素外，还取决于他从少年时代就树立改造中国的理想，通过不断探索、不断学习、不断结合现实问题进行分析，寻找和选择救国救民之路。大钊烈士在意识形态上选择马克思主义，关键是通过《资本论》《共产党宣言》等马克思主义著作，看到了以资本主义为代表的旧制度已经开始走向衰败，社会主义的萌芽已经开放，未来的中国只有通过社会主义道路才能发展强盛，人民才能摆脱贫困、走向富裕幸福的新时代。

大钊烈士接受马克思主义后，从未把马克思主义当成学术问题或教条，而是将其作为改造社会、改变国家和人民命运的真理和武器，把自己当成革命战士，直至为了主义而英勇牺牲。

“做人做事不给前辈先烈抹黑”

笔者：大钊烈士对理想信念的执着，对共产主义的信仰以及对马克思主义真理的追求都无比坚定，并将生命献给自己所追求的事业，为后世树立一个光辉伟大的形象。作为李大钊的后代，爷爷在您心中是一个什么样的形象？

李建生：作为大钊烈士的后人，我觉得爷爷是全心全意为中国人民解放事业而献身的无私奉献者；是毕生探索选择真理、全力实践真理、并用真理规划国家人民未来宏图为一体的伟大的职业革命家；也是马克思主义真理和共产主义理想信念选择者、传播者、实践者和捍卫者。中国共产党领导中国人民革命和建设的胜利证明，爷爷等老一辈革命者的选择、追求和实践的方向、道路和主义是十分正确的，也是中国的未来之路。

与此同时，爷爷又是一个十分平易近人的，善于启发、帮助他人的好老师；是一个学风严谨又具创新精神的学者；是一个火一样热情的革命战士和对死亡泰然处之，大义凛然的壮士；是一个严于自律、一生倡导简易生活并保持十分简朴的高级知识分子；也是光明正大、公平待人、精诚团结、爱憎分明的人格典范。

这些形象中，我觉得爷爷高尚的品格和私德是他成功和开创事业的基础。所以，这一点，对当代干部党员、青少年尤其是我本人都有绝对的示范和教育作用。

总的来说，我自己觉得爷爷是一面中国近现代史上十分光彩耀人的镜子，应该照在当代人的头脑中，还原共产党人真实形象和面貌，映射并激励有理想有志向有激情的当代中国人，去担当和继续完成前辈和先烈为之奋斗的民富国强的远大目标。

笔者：爷爷一生的追求给您的求学、工作有着怎样的影响，产生了怎样的激励作用？

李建生：在思想上，在爷爷的精神和事迹影响下，我们这些后人都相信大钊烈士奠定的党的奋斗目标必然实现；相信人类能最终消灭万恶之源的私有制、建立共产主义社会等美好社会。

在生活和工作中，后人们以大钊烈士为榜样，十分注重人格和私德修养，爷爷的简约朴素、公正光明、平等待人、严于律己等优秀品德，时常表现在后人身上。当然，大钊烈士丰功伟绩、英雄事迹和高尚的人格品德是泰山之巅，我们后人亲属不能比拟，唯一的标准是做人做事不给前辈先烈抹黑，也更要对得起前辈和先烈。

笔者：您的父辈在传承大钊精神上有哪些做法和贡献？对您产生哪些影响？

李建生：对大钊烈士事迹和精神，父辈的传承主要是大伯李葆华和大姑李星华，他们把对爷爷的真实回忆写成回忆录和专门书籍广为发行；为了教育青年一代，他们也积极参加社会关于纪念、传承大钊烈士事迹、精神的活动；这些，都给我们第三代人树立了榜样，也从中对大钊烈士事迹有了更直观的了解和更深刻的理解。我父亲在爷爷牺牲时，只有四岁，对爷

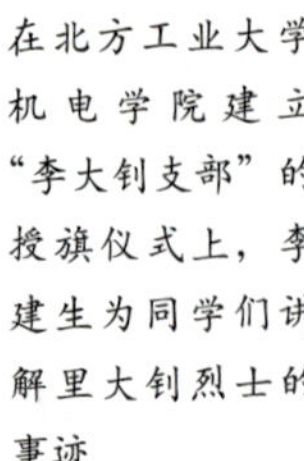

在北方工业大学机电学院建立“李大钊支部”的授旗仪式上，李建生为同学们讲解里大钊烈士的事迹

爷的印象还很模糊，但从他身上隐约可以看到爷爷的品格，如为人正直、襟怀坦白、艰苦朴素、不求私利、对党和组织忠心耿耿、任劳任怨等等。在传承上，他也是有求必应，尤其在病重期间在医院里还接待前来学习和拜访的客人，等等。

最突出的是，他从未利用大钊烈士之子的身份谋取个人利益。早在20世纪50年代末期，周恩来、刘少奇、陈云等领导同志到我父亲所在企业视察，听了我父亲汇报后，周恩来顺便说起我父亲长得十分像李大钊，刘少奇说如果戴上眼镜就更像了。后来，在雕塑爷爷塑像时，父亲成了艺术家的头型模特。当然，这段插曲随后就被淡忘了，父亲是李大钊之子的身份也长期隐形了。即使在家庭负担十分沉重、生活困难的情况下，父母也未向组织反映情况、提出个人要求；在住房上也没有个人要求，一直住在一套20世纪60年代盖的老旧单元房里，被曾到现场采访的报纸记者称为“家徒四壁”。因此，也被所在单位上级评为部级优秀党员。

我父亲在纪念建党 90 周年时表示，“李大钊烈士是党的资源，这个资源不能用于私利”。这也是我们后辈的共识和行为界限。

“大钊精神是一个集大成的正能量，不同历史时期，都会从这个精神宝库中提取不同的营养”

笔者：可否谈下李大钊的牺牲对于个人家庭以及民族国家留下哪些遗憾和影响？

李建生：爷爷牺牲后，家里已经一贫如洗，我奶奶不得不带着子女从北京返回乐亭老家，之后，他们就开始了颠沛流离的生活；而且，爷爷的牺牲给当时党的北方工作造成了巨大损失，使三北地区的革命失去了指挥中心，再加上蒋介石对共产党人的大屠杀，中国革命从高峰瞬时跌到谷底。爷爷牺牲后，产生的直接影响是年轻的中国共产党失去了一位杰出的领袖，革命力量被大大削弱。但是，革命先烈为主义而献身的光辉之举，也成为无数革命青年学习效仿的榜样，使更多的人为人民解放事业前仆后继，最终使中国走上了社会主义道路，并取得了举世瞩目的辉煌成就。

笔者：您刚才提到大钊烈士牺牲时家中一贫如洗，能否介绍祖父生前生活状况？当前，我们党的“不忘初心，牢记使命”主题教育活动，力戒浪费，厉行勤俭，结合您祖父的人生追求，可否谈下您对勤俭节约的看法？

李建生：爷爷平时一直坚持简朴的生活，尽管他收入很高，但对自己和家人的生活消费相当严苛，一年四季布衣、旧衣着身，即使参加与孙中山等重要会见，也不注重衣着穿戴，在出席工人的会议时，他甚至只穿破旧的工装服，就连在场的工人都看不过去，提出用自己的衣服替换。

凡是到过爷爷家的人，第一个印象就是家里没有什么家具，设施十分简陋，唯一多的是书籍。（笔者注：现在文华胡同 24 号李大钊故居内的陈设，都是从乐亭大钊纪念馆定制的，保持了简朴的特色，能反映出李大钊的生活状况，不过，离李大钊生前家徒四壁的“简陋”，尚有“距离”。）

尽管大钊烈士过着简朴的生活，但家里还是生机勃勃，他从不嫌弃夫人是比自己年长 5 岁的农村小脚妇女，有时帮助做饭，有时照看孩子，家里来了客人，还帮助奶奶穿换衣着并把夫人热情的介绍给客人。爷爷的战友、同事和学生到大钊家里常把夫人错认为保姆，甚至觉得爷爷应该有一位现代知识女性做伴侣，但爷爷对此不以为然，坚守与奶奶的感情。

爷爷是一个品格高尚的典范，他一生的初心是追求中国人民解放的大事业，但也是简易生活、艰苦朴素的倡导者、示范者，他做到了理想和实践、大事和生活点滴高度统一。

我觉得，树立远大理想、坚持马克思主义意识形态，成功建设中国特色社会主义，实现民富国强的根本条件。

3 “信仰的味道比糖甜”

——专访《共产党宣言》中文首译者陈望道之子陈振新

初心小记：祖母很心疼，特地包了粽子，配了些红糖，给父亲补身体。祖母把粽子和红糖都送了进去，过了一会儿，她在屋外问父亲，是不是还要加点糖，就听父亲说：“够甜，够甜了！”等到祖母进去收拾碗碟的时候，看到父亲满嘴都黑乎乎的，原来他把砚台里的墨汁当红糖蘸着粽子给吃了！父亲就是这样全然忘我，一个字一个字地斟酌，一个字一个字地推敲才把《共产党宣言》译了出来。

习近平总书记多次讲陈望道翻译《共产党宣言》的故事，讲信仰的味道、信仰的感召、信仰的力量。陈望道是第一个把《共产党宣言》翻译成中文的人。1920 年，他在翻译这本书时，他母亲为他准备了一碟红糖蘸粽子吃，三番五次在屋外催他，后来问他红糖够不够，他说“够甜，够甜了”。当他母亲进来收拾碗筷时，却发现儿子的嘴上满是墨汁，原来陈望道是蘸着墨汁吃掉粽子的。这就是信仰的力量。

1848 年 2 月 23 日，一本只有 23 页的德文小册子从伦敦的一家印刷厂运出。从那一刻起，共产主义

2016 年，陈望道独子陈振新在复旦大学接受笔者专访

这个欧洲横空出世的“幽灵”，开启了它改变世界历史进程的序幕。

72 年后，在浙江义乌分水塘的一间草屋里，微弱的烛火彻夜未熄。这本小册子在一位 29 岁青年的笔下，一字一句变成方块字。青年未曾想到，他笔下的这些文字，即将照亮中国。

陈望道翻译《共产党宣言》时的旧居——浙江义乌分水塘村

他就是《共产党宣言》的中文版首译者陈望道。1920 年 3 月，他带着翻译《共产党宣言》的使命回到家乡。山风穿透草屋，裹挟着阵阵寒意，却吹不灭心中升腾的信念。

陈望道的儿子陈振新出生于 1938 年，退休前一直在复旦大学任教，近日笔者对他进行了专访。他回忆了生活在父亲身边的点滴，并提供了父亲陈望道留下的珍贵手迹和历史照片。2016 年早春 3 月，寒意犹在。笔者来到位于上海五角场的复旦大学。“日月光华，旦复旦兮。”110 年前，这所大学承载了一代知识分子教育强国的梦想，而陈望道就是她的首任校长。

漫步校园，树木繁茂。校园中心有一尊望道雕塑。笔者与陈望道先生的儿子陈振新相约在此，细雨如丝，仿佛为前人寄上追思。陈振新出生于 1938 年，退休前一直在复旦大学电子工程系任教。

忘情投入，竟把墨汁当红糖

20 世纪 20 年代的中国，暗流涌动。贫穷落后的中国为军阀割据、列强瓜分，人民生活苦不堪言，千千万万先进的知识分子、热血青年，在寻找强国、救国之路。共产主义成为混沌世界的一缕明光，迫切需要有人把马克思、恩格斯的经典著作《共产党宣言》完整地介绍到中国来。

1920 年，翻译《共产党宣言》时的陈望道

“1920 年 3 月，父亲接到了邵力子先生的一封信，说戴季陶要他翻译《共产党宣言》，同时还捎给他一本戴季陶收藏的日文版《共产党宣言》，还有李大钊从北大图书馆借来的英文版《共产党宣言》。”陈振新对笔者说。

五四新文化运动蓬勃发展的时期，报纸上已经能够见到马克思、恩格斯文章的一些片段，但还没有人把《共产党宣言》完整地翻译过来。

“当时戴季陶也很想自己来完成这一工作，但又感到力不从心，因为他觉得要完成这本小册子的翻译，起码得具备三个条件：一是对马克思主义要有深入的了解；二是至少精通德、英、日三门外语中的一门；三是要有较高的语言文学素养。我父亲望道先生在日本留学期间就接受了马克思主义学说。他精通日语，汉语功底也好，同时还懂英文。”凝望着眼前父亲的塑像，陈振新深情地回忆。

这三个条件陈望道恰好都吻合，这好像是一种历史的选择。五四运动爆发后，陈望道怀揣报国之志回国，在浙江第一师范学校当语文教员，倡导新文学、白话文。他接到翻译《共产党宣言》的任务后，也欣然接受，他觉得马克思主义能够引领中国走向一种新的发展道路。

“父亲为了能避开各种干扰静下心来译书，他躲进了离住宅不远处的柴屋内。柴屋年久失修，漏风漏雨，屋里除了一块铺板和两条长凳，什么都没有。村子在山沟里，早春天气十分寒冷，尤其到了晚上，冻得他手脚发麻。因为父亲译书经常要熬夜，没几天，他就瘦了不少。祖母很心疼，特地包了粽子，配了些红糖，给父亲补身体。祖母把粽子和红糖都送了进去，过了一会儿，她在屋外问父亲，是不是还要加点糖，就听父亲说：‘够甜，够甜了！’等到祖母进去收拾碗碟的时候，看到父亲满嘴都黑乎乎的，原来他把砚台里的墨汁当红糖蘸着粽子给吃了！父亲就是这样全然忘我，一个字一个字地斟酌，一个字一个字地推敲才把《共产党宣言》译了出来。”

墨汁为什么会是甜的？原来，信仰也是有味道的，甚至比红糖更甜。正因为这种无以言喻的精神之甘、信仰之甜，无数的革命先辈，才情愿吃百般苦、甘心受千般难。这种信仰的甜味，只有真正的共产党人才能品味得到。

陈望道翻译的《共产党宣言》

译著出版，让无数革命者找到了信仰

1920 年 5 月，陈望道带着译好的手稿，来到上海。在这里，他和怀揣激情与理想的青年同心合意，高擎真理之火，照亮黎明前的暗夜。

“那时政治氛围很紧张，而且没有经费，一直等到 1920 年 8 月，才在共产国际的资助下，作为社会主义研究小丛书的第一版出版了。那时出版印刷都很仓促，8 月版《共产党宣言》的书名还错印成了《共党产宣言》，这本书首版只印了 1000 册，我父亲自己一本也没留，全送人了。目前国内仅存 7 本，在上海档案馆、上海图书馆、一大会址纪念馆等处存放。

1920 年 9 月，又再版重印了 1000 册，同时把书名改正过来。

“在试译《共产党宣言》完成后，父亲应邀到《新青年》任编辑，同时参与中国共产党的创建。他当时是陈独秀身边的一员大将，发起成立了纺织工会、邮电工会、上海机器工会等。他还在党培养青年干部的外国语学社、平民女校等组织中担任文化教员，同时还是《共产党》月刊和《劳动界》杂志的编辑，社会主义青年团的负责人之一。

“我父亲一生都是忠实、坚定的马克思主义者。从 1920 年 3 月试译《共产党宣言》到 1977 年去世，无论是早期做党的工作，还是后来从事文化教育事业，他的共产主义信仰始终未变。”

《共产党宣言》的翻译出版，让无数革命者找到了信仰的航道。

1920 年夏天，青年毛泽东从湖南长沙来到上海，他到陈独秀住处拜访时，正好看到了正在校对的陈望道的《共产党宣言》译稿。十多年后的一天，在延安的窑洞前，毛泽东对外国记者斯诺说：“有三本书特别深地铭刻在我的心中，建立起我对马克思主义的信仰……其中第一本书是《共产党宣言》，陈望道译，这是用中文出版的第一本马克思主义的书。”

“在那个年代，社会上有各种思潮，无政府主义、工团主义和很多乱七八糟的主义都有，但就是没有一本完整介绍马克思主义的中文书。很多革命青年，空有报国激情、爱国理想，他们迫切想让中国强盛起来，但是缺少理论根基。后来看了《共产党宣言》，才开始信仰马克思主义，加入了中国共产党。”陈振新说。

刘少奇在回忆那段历史时讲过，他那时还在考虑入不入党。当时，他把《共产党宣言》看了又看，看了好几遍，“从这本书中，我了解共产党是干什么的，是怎样的一个党，我准不准备献身于这个党所从事的事业，经过一段时间的深思熟虑，最后决定参加共产党，同时也准备献身于党的事业。”周恩来是在法国勤工俭学时读到的《共产党宣言》。在1949年召开的全国第一届文代会上，周恩来当着代表们的面对陈望道说：“望道先生，我们都是您教育出来的。”邓小平说：“我的入门老师是《共产党宣言》和《共产主义ABC》。”

时光流逝。《共产党宣言》问世已有170多个年头，它的中文版也诞生了近百年。马克思主义在中国没有停下脚步，更没有封闭、僵化，而是在不断地丰富、发展、包容和完善。无论是我们穿越血与火的历史云烟，还是历经建设时期的艰苦卓绝，或是面对改革开放的时代命题，她所阐释的核心价值、她所发出的声声呐喊，都得到了最具有历史价值和现实意义的发展。

《共产党宣言》在世界上传播得非常广泛，被翻译成二百多种文字，它的发行量仅次于《圣经》。它的受众群体也非常广泛，不只是全世界的共产党人在读，许多大学生、进步人士、经营管理者都在读，足以证明其魅力之大、影响之广。1999年，全球读者评选“千年最伟大的思想家”，马克思还排在爱因斯坦的前面，位列第一。历史的长河带走了很多，也改变了很多，但这本书的思想光辉不因岁月流逝而销蚀，不因遭受坎坷而迷失，不因经受挫折而暗淡，而是穿境越世，生生不息地照耀人心。

“我想，如果父亲在世，他一定会感到欣慰。因为，他看到的是自己一生所追求的事业不断地获得完善、丰富和发展。《共产党宣言》不仅影响了孙中山、毛泽东、周恩来、邓小平等伟人，影响了中华民族近百年的历史走向，而且也深刻地影响了千千万万的普通人。她所传递的核心价值离我们的生活并不遥远，她所提供的哲学视角、思维方式和话语体系，已然融入到了我们的文化血脉中，代代相承。”陈振新对笔者说。

“父亲留给我的两份手迹”

在整理父亲图片资料的过程中，陈振新无意间发现了父亲为他手书的两份字迹。陈振新是 1949 年 7 月份上海解放后，才从乡间回到父母亲的身边的。当时就读于复旦校区国权路的市立腾飞小学，由于浙江义乌的家乡话与上海话相差很大，幼时的陈振新既听不懂老师上课所讲的内容，也无法与同学交流，加之乡间教育与上海大城市教育之间的悬殊差异，他当时的学习压力很大，加之男孩子多顽皮，不爱读书，所以学习成绩也不好。陈望道在接到腾飞小学送来的成绩报告单后，想了一下，给陈振新留下了一行字，内容非常简短：“新从乡间来沪，语言生活尚多生疏，稍久当有进步。”

另一份是 1954 年时陈望道在陈振新读高一时留

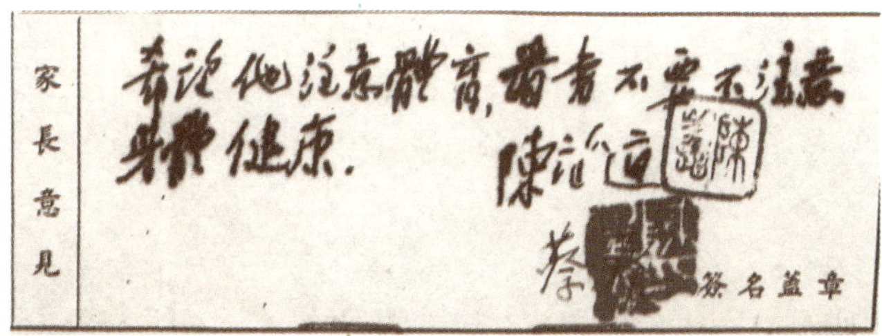
家長意見

希望他注意體育，看書不要不注意身體健康。

陳望道

蔡

簽名蓋章

陈望道两封笔迹

的家长意见：“希望他注意体育，看书不要不注意身体健康”并签名盖章。

“面对这两份半个世纪前父亲留给我的手迹，我仿佛又回到了那个童年和青少年的时代。父亲身为复旦大学校长，又兼有华东行政委员会高等教育局局长、上海市政协副主席、上海语文学会会长、《辞海》总主编等多项职务，工作的繁忙是可想而知的，但在对子女的教育上，仍能给予及时的鼓励、引导和严格的要求。我为我有这样一位父亲，而感到庆幸。父亲生前常对我说，‘唯教育事业是万古长青的’。这往大了说，是国家的兴盛与否与教育有很大关系；往小了

陈望道、夫人蔡葵与儿子陈振新的合影（20 世纪 50 年代）

陈望道与儿子陈振新及儿媳等家人的合影（20世纪70年代）

说，每个家庭对孩子的教育也会影响民族大业。他一生留下的重要精神财富就是对教育的重视以及对孩子信任、宽容和潜移默化的教育方式。”

复旦大学，有一条“望道路”

“望道先生”，是陈振新与笔者交谈时常用的对父亲的称呼。与父亲相处28年，在陈振新眼中，父亲于他更像是导师、指路人。

而还原陈望道的父亲身份，陈振新深情中流溢的是敬意。“父亲是个沉默的人，他的学生都叫他‘老夫子’。他对我们子女的教育多是言传身教、潜移默化。我印象很深的一件事是，1949年我从乡下回到父母身边读书。因为听不懂上海话，加上农村教育与上海教育有很大差距，成绩很不理想。父亲看了我的成绩单后，不仅没有责骂我，还在家长意见书里写下鼓励我的话，让我带给老师。你想我那时是个小孩子，学习成绩不好是很怕家长说的，父亲不但没责骂我，反而那么信任我。他写下的这寥寥数语，影响了我的一生。”

父爱是沉默的。“父亲给我们的爱是深沉的。虽然他话很少，但有一次却跟我谈了很久。那是上世纪60年代中期，我大学毕业分配到复旦大学工作，他找我谈话说，你到了复旦，一定要好好工作，一般复旦老师做错了可以原谅的事，你也不能做。我完全理解父亲的意思，他是复旦大学校长，我作为他的儿子必须严格要求自己，‘夹着尾巴做人’。

“随着年龄的增长，我越来越体会到，凡事低调处理的风格，是一种心态，更是一种境界，这也是父亲留给我的最大财富。父亲的一生，在中国的革命史、教育史和学术史上都占有重要一席，但他从不张扬。像关于早期参加建党的事，他生前就没有对我们讲过，很多情况是后来我查阅资料才了解的。他说过，‘个人不想在历史上留什么位置’。”

陈望道与陈振新合影于复旦

2016年，陈望道与陈振新合影于复旦

复旦大学，有一条“望道路”。这是一条并不宽敞，也不显眼的路。它紧靠校门，贯穿东西，又是一条让人不由得注目的路。这条路，陈振新不知已经走过了多少遍。每一次漫步于望道路上，在他看来都是与父亲的相逢。站在望道先生的塑像前，陈振新又一次注视着父亲。“父亲对共产主义的信仰，对党的事业的追随，是无比坚定，每每想起父亲把墨汁当红糖吃的情景，我自己也仿佛尝到了那信仰的味道。”

◎ 人物小传

陈望道（1890—1977年），浙江义乌人，语言学家、教育家、社会活动家。早年留学日本。1919年任教于浙江省立第一师范学校。在校时为“四大金刚”之一。主持制定《国文教授法大纲》，推动国语改革。1920年“一师风潮”期间在家乡分水塘完成《共产党宣言》中文全文翻译，并于当年6月加入陈独秀、俞秀松、施存统创建上海共产党早期组织。后历任上海大学、复旦大学中文系主任，创办《太白》杂志。

新中国成立后，历任复旦大学校长、中国科学院哲学社会科学部委员、全国人大常委会委员、全国政协常委会委员、民盟中央副主席等职。

4 国人之子马骏

——专访马骏烈士孙女马丽颖

初心小记：马骏，一个于当今的读者而言，或许并不那么熟悉的名字，却是中国共产党历史上始终被铭刻的记忆：他是周恩来的同学和战友，是中国共产党的早期活动家和领导者之一，是第一批加入中国共产党的回族党员，是党派到吉林的第一个共产党员，也是东北党组织的创始人之一。他组织的学生运动声势浩大，他领导的工人运动成效斐然，却在东北成为奉系军阀张作霖的眼中钉、肉中刺，并最终以33岁的英年惨死于张的屠刀之下。

“他日，你带着自由回来，我拿着自由迎你，不然，你就要看着一个坟儿说：我把它带来了，你却为它而死了！……”这是中国共产党早期党员、中国革命先驱、回族烈士马骏送别友人李愚如赴法学习时写下的诗句，正如他在诗中所写，马骏没有分享到革命胜利的喜悦，在为信仰而奋斗的路上，他牺牲了。当马骏的无数战友归来的时候，他却长眠于这片他挚爱并为之洒下热血的土地，

抑或是马骏早就做好了向死而生的准备，他对死亡和敌人的镣铐充满蔑视，在生命最后时刻，他昂首

挺胸站在敌人的囚车上，赴刑场的路上，他大声疾呼：“只有共产党才能救中国，跟着共产党走，才有光明的未来！”鲜血浇灌的共产主义种子，开出了红色的信仰之花。年仅 33 岁的马骏英勇就义。

马骏烈士肖像

就义前，马骏的职务是中共北京市委书记兼组织部长。1927 年大革命失败后，反动军阀疯狂抓捕共产党人，中共北方区委领导人李大钊等二十几位共产党员和革命群众惨遭杀害，北京市党组织遭到重大破坏。马骏临危受命，从莫斯科中山大学秘密回国，负责北京市党组织的全面工作。在敌人白色恐怖的环境里，马骏不顾个人生命危险四处奔波，很快使北京市党组织得以恢复。1927 年 12 月，因叛徒出卖不幸被捕。在狱中，敌人曾许以高官厚禄但他毫不动心。张作霖亲自对他

位于北京日坛公园的马骏烈士墓

20世纪80年代，马丽颖与儿子祭奠马骏烈士

进行审讯，他不卑不亢，写下了“故共产党员马骏之墓”几个字，这是以死宣誓忠贞不渝的追求，他把信仰看得重于生命。1928年2月15日，马骏在北京天桥菜市口英勇就义。

岁月流光，镌刻信仰。如今，马骏烈士之墓坐落在北京日坛公园西北角，苍松翠柏掩映着汉白玉砌筑的陵墓，庄严宁静，在汉白玉墓碑的正面，刻着邓颖超题写的“回族烈士马骏之墓”8个鎏金大字，墓碑上马骏的雕像年轻英俊，脸上流露着刚毅平静的神情，他倒在了追赶太阳的路上。在不远处，首都的心脏天安门对面的人民英雄纪念碑，浮雕上有一位意气风发的青年，振臂高呼，坚定的眼神望向远方，这个生动的形象，就是马骏烈士。

周恩来一生不忘的战友

“那个年代的‘90 后’弱冠之年就和同学扛起救亡图存的重担，他怀着对祖国、对人民的强烈使命感燃烧自己的青春。”马骏烈士因英年早逝，并不为人们所熟悉，但他的历史贡献不应湮没在历史中。马丽颖是马骏烈士的孙女，现居北京，一直致力研究马骏烈士和五四时期青年人的研究，虽彼时祖国满目疮

1958 年 12 月，周总理在中南海西花厅，会见马骏烈士家属，抱起马骏四岁的孙在马为公

瘐，但那个年代的青年人阳光、刚毅，朝气蓬勃。

在笔者先后几次与马丽颖的交谈采访后，逐渐梳理出马骏烈士及与他同行的爱国青年的青春故事。

时针倒拨到1958年2月，中南海。周恩来总理邀请马骏烈士的家属到中南海做客，总理握着马骏遗孀杨秀蓉的手怀着深情说：“天安（编者注：马骏，又名天安）他们用鲜血换来的幸福生活，我们享受了。”一个活着，一个倒下了，生死离别的战友情、兄弟情在革命者出身的大国总理心中积郁很久，终于在见到战友家人时泄洪奔涌出来。这也是马丽颖第一次亲眼见到总理，至今她印象深刻，周总理握住奶奶久久不放的手，和嘘寒问暖的关切。周总理没有忘记和他并肩战斗的战友。

1915年8月，马骏考入天津南开学校。在那里，他与周恩来、邓颖超等结下深厚的友谊，自此开始了一段刻骨铭心的革命友情。

1915年，20岁的马骏考入天津私立南开学校，来到新思潮比较活跃的天津，与周恩来、邓颖超成为校友，他与周恩来因志同道合而越走越近，据马丽颖回忆，周恩来管马骏叫大哥，周恩来敬重品学兼优，能思善辩的马骏。马骏因出色的演讲才华和组织能力成为南开学校的学生领袖，在南开学校举办的演讲比赛中马骏屡屡获奖，在南开的校友间极为轰动。马丽颖翻出了一张马骏在南开学校时的照片，穿着制服的朗朗青年笔挺英俊，照片下录有一段当时留下的字迹：“马君骏，君性慷慨磊落，口才便捷，曾两任本校演说会学生讨论会及自治励学会会长，又任义塾服务团总董及教务长。”

恰同学少年，风华正茂，受新文化洗礼的青年，思想有了新的飞跃。

五四运动期间，北京有北大、天津有南开。

1919 年 5 月 4 日，北京爆发了“外争国权、内惩国贼”的反帝爱国运动。消息传到天津，在爱国学生中激起了强烈的反响，纷纷起来声援北京学生的斗争。学生讲演队每天活动在大街小巷。素以“慷慨磊落、口才便捷”著称的马骏，此时更为活跃。马骏率领学生讲演队，向市民们讲述着日本帝国主义企图灭亡我国的野心。反动政府派了大批军警，镇压学生。为了对付反动政府的镇压，爱国学生成立了天津学生联合会，马骏被推选为副会长兼执行部长。“在南开中学操场上召开的数千人的集会上，爷爷率众宣誓，誓死为保国土、挽国权、除国贼而斗争到底。在天津各界民众大会上，他又发表了激昂的演说。各界为声援学生运动，纷纷采取行动，商会也在群众运动的压力下宣布罢市，但第二天，他们就在反动政府的压力下，出尔反尔地开市了。在与商会对峙中，爷爷气愤地拍案而起，‘鄙人尚有一腔热血，愿流于诸君面前，一死以谢国人。’说毕，挺身以头向身旁的柱子撞去，当即血溅商会，昏死过去，爷爷慷慨捐躯的行动，深深地感动了商会大部分董事，遂决议继续罢市。”在述说这段历史时，马丽颖眼中闪现泪光，如果时空可以穿越，马丽颖一定扑向以头撞柱的爷爷身前，把他拦下。

此后，马骏又被天津各界联合会推举为总代表，与郭隆真、刘清扬等十余人赴京，联合北京代表，向当时的总统徐世昌请愿。徐世昌百般阻挠不见学生代

巴黎和会临近，天津各界联合会推选马骏为代表，率天津代表团到北京请愿

表，并派反动警察出面镇压爱国学生，反动警察全副武装，荷枪实弹，枪上插着亮晃晃的刺刀，一排排地包围着学生，气势汹汹，如临大敌。“爷爷站在队伍前面，面朝反动警察的刺刀，没有畏惧，反而高声进行演说，他举起中国旗向学生问道：‘这是什么？’众说：‘是中华民国国旗。’马骏即说：大家说得很对。国旗是代表国家的，我们中国人应该爱护它，爱护自己的国家，不容别国侵略。日本曾和袁世凯签订二十一条的条约，现在又侵略我山东青岛，就是想灭亡我中国。同胞们，要勇敢起来保卫中国，我们宁死不当亡国奴。我们要使中国永远存在世界上。前几天请愿的代表被捕；现在我们又被捕了。我们不怕牺牲性命，为爱国而死，是最光荣的。只求后人得享自由独立的幸福，我们于愿足了……听众非常感动，掌声响彻云霄。马骏又转过来对军警演说：你们是中国人，应该爱中国。你们现在来阻挠我们的爱国行动，是长官命令，不是出自你们本心。你们多可怜呀！成

天辛苦，得不到几个钱，听说好几个月没发饷了。钱上哪儿去了？不是被长官入了腰包了吗？……反动军警听了非常难过！”

“爷爷的演讲，总是言之有物，有理有据，能够很快地降服听众的心”，马丽颖说。经过两天的斗争，徐世昌被迫接见代表。马骏义正词严地质问徐世昌：“你身为大总统，竟无视国家存亡，不去保护国家的领土和主权！……总统必须即刻致电巴黎我国代表，拒绝在合约上签字，否则，我们将斗争到底！”在爱国群众运动的压力和支持下，参加巴黎和会的中国代表终于拒绝了在合约上签字。

1919 年 6 月 28 日，当签约仪式在凡尔赛宫举行时，人们惊奇地发现：为中国全权代表准备的两个座位上一直空无一人。这是中国第一次在外交中坚决地对列强说“不”，打破了懦弱妥协的外交局面。

在马丽颖的印象中，周恩来总理至少在两个场合提起过爷爷，都亲切地称为“天安”。除了 1958 年在中南海西花厅接待马骏遗孀杨秀蓉，还有一次是在 1964 年 12 月召开的第三届全国人民代表大会上。“我奶奶是那届全国人大代表，在会上周总理专门找到奶奶，拉着她的手，向身边的人大代表说，‘我给你们介绍这位老太太，她是 27 年北京市委书记的夫人，是我的战友天安的夫人。’”马丽颖动情地说，“即便身居高位，但总理一直不忘战友，爷爷奶奶结婚时，周总理还送给他们两个镜框和两条被面。”

周总理口中同志般的亲切称谓——“天安”，背后还有一段惊心动魄的故事。

五四运动推动着全国的爱国运动。可就在这时，媚日军阀、山东镇守使马良，秉北京反动政府的旨意，残酷镇压人民的爱国运动，杀害了回教救国会会长马云亭等领导人，并逮捕了许多爱国学生，制造了震惊全国的“山东惨案”。惨案发生后，京津代表瞿秋白、刘清扬等 20 多人在新华门前请愿竟全部被捕。反动当局的这一暴行，激起了爱国学生的愤怒。“爷爷又被公推率代表再次赴京，营救被捕代表。这时，天津、北京及山东代表三千人，由爷爷担任总指挥，在新华门前坚持斗争了三天，坚决要求惩办杀人凶手马良。反动政府派大批军警，挥舞刀枪，把请愿代表逼迫到天安门前。爷爷见围观群众甚多，是宣传的好机会，便将三千人分成若干讲演分队，在石狮座上、华表下，摆开了讲演的战场。敌人恼羞成怒，扬言要捉拿爷爷。学生和围观群众马上筑起了一道道人墙，把爷爷藏起来，不让敌人抓他。反动军警挥舞枪托、皮鞭殴打群众，爷爷见此情景不忍大伙因他一人受难，便挺身而出，大声喝道：‘住手！不许打人。我就是马骏，要抓就抓我好了！’敌人一下扑过来抓住了他，但爷爷十分镇定，他对大家说：‘同学们，不必害怕，我们此来，就是抱定死的决心。爱国青年是抓不完的，我们要坚持斗争下去，爱国无罪！’”马骏被捕的消息传遍全国，各地都举行了示威游行。要求释放代表的通电，从全国各地雪片似的飞到北京。周恩来也亲赴北京进行营救活动。在全国爱国运动的巨大压力下，反动政府不得不释放了请愿的代表。“经过这场天安门前的斗争，人们都亲切地称爷爷为马天安。”

五四运动后，马骏和周恩来商量成立一个比学联更严密的团体，从事新思潮的研究和传播，并出版一种刊物。1919 年 9 月 16 日，周恩来、马骏、邓颖超、郭隆真、刘清杨、李震瀛等 20 名男女青年，在天津草厂庵学联办公室举行第一次会议，宣布“觉悟社”正式成立，并决定出版《觉悟》。马骏以“廿九”的署名，在《觉悟》第一期上，发表了《他们为什么不去?》和《一个小蜘蛛》两首寓言诗。马丽颖很小的时候就能背诵它，特别是在懂得它的含义之后，就更加喜爱它。这首诗中写道：

潇潇的细雨，
嗖嗖的凉风，
枯枝上一个小小的蜘蛛，
在经营它的网儿。
忽上、忽下、忽东、忽西，
好像一个织布的梭机。
须臾间把网儿织起。
可恨的无情风雨，
织成了，刮乱了，
织好了，打破了。
刮乱了，织成了，
打破了，织好了。
他们永久不息地工作呀工作，
努力呀努力，奋斗呀奋斗。

“在诗中，爷爷把反动势力比作无情风雨；用蜘蛛顽强织网的精神，来形容革命者的不懈斗志。而他在诗中所疾呼的‘工作呀工作，努力呀努力，奋斗呀奋斗’，正是他一生为革命献身的真实写照。他不顾个人安危，出生入死，一次又一次地被捕，但他没有

觉悟社部分社员1920年合影，前排右三为邓颖超、右二为刘清扬，后排左三为马骏、右一为周恩来

畏惧，一次比一次更顽强地斗争。”

1920年1月开始，反动当局对如火如荼开展的学生爱国运动进行镇压，更加残暴地对待学生，拘捕了马骏、周恩来、郭隆真等26名学生代表，并查封了天津学生联合会和各界联合会，马骏的父亲马喜贵从东北赶到天津营救，探监时马骏坚决反对保释出狱，留下“大家同为救国，理应奋斗到底，如中途止步，必成爱国大众之罪人!”的慷慨言辞，表达了要把牢底坐穿，斗争到底的决心。马喜贵为此深受感动，坚决支持儿子的爱国行动。马骏的战友们在外界紧张斡旋，通过发动学生运动，给当局施加压力，要求公开审判，迫于外界舆论压力，反动当局只能开庭审判。在法庭上，马骏和周恩来慷慨陈词把审判变成了声讨反动当局屈辱卖国的战场，令法官瞠目结舌，理屈词穷，最终当庭释放

1919年马骏在天安门前被捕，获释后在南开学校的留影

了各界代表。

出狱后，周恩来赴欧洲留学，马骏受党组织派遣到哈尔滨开展革命工作，两位亲密战友自此天南海北，不再相见，脚下的路不同，但心中的主义是一样的，都是为了祖国解放人民站起来而奋斗，这种奋斗是不讲代价的，哪怕是要付出生命。1920 年马骏参加了社会主义青年团，同年加入了中国共产党。

苹果树下的爱情

1922 年初，受党的委派，马骏回到东北进行建党活动。在家乡宁安创立了东北第一个党小组。1924 年 9 月马骏到吉林毓文中学以任教为掩护，宣传马列主义和十月革命经验。

1925 年 5 月 30 日，帝国主义在上海制造了“五卅惨案”。消息传到吉林，马骏四处奔走，发动各界群众声援，指挥各界人士 4000 多人示威游行，支援上海工人反帝爱国斗争。这是一次有组织、有计划、空前大规模的群众反帝爱国运动。因多次发动组织学生群众爱国运动，马骏已成为反动军阀的眼中钉肉中刺。党中央出于保护马骏的考虑，1925 年 10 月，派遣他到苏联莫斯科中山大学学习，学习期间，马骏担任了学生公社书记。“爷爷虽然在苏联时间不长，共一年半时间，但这是他最宝贵的一段时光，他在苏联中山大学更加系统地学习了马列主义的基本理论和国际共产主义运动历史，同时他难得享受一段远离战争的太平生活。”马骏当年在苏联中山大学留下的资料，如今完好保存在俄罗斯社会政治历史档案馆中，成为后人更深入了解他的生平和思想的宝贵史料。

1927年蒋介石背叛革命，在上海发动了“四一二”反革命大屠杀，党组织受到严重损害，革命形势恶化，马骏奉党中央调遣回国，担任了中共北京市委书记兼组织部长，负责恢复北京党组织的工作。回到北京后，他不顾个人安危，化装成不同阶层的人物，深入到工人区、贫民窟发动群众开展工作，很快就恢复了组织，打开了工作局面。但由于叛徒出卖，1927年12月3日，不幸被捕。在狱中，面对敌人的各种酷刑，马骏坚贞不屈，守口如瓶，保护了党的组织，受刑后马骏还带着伤痛向难友宣传马克思主义救中国的道理。

“爷爷被捕，但消息被反动警方严密封锁。爷爷的家人在遥远的东北老家，完全不知道北京发生的事。情急之下，北京清真寺的阿訇冒死用阿拉伯文在报纸上发了一段文字，秘密传递了爷爷被捕的消息。消息辗转传到宁安清真寺，清真寺负责人火速到家中报信。我奶奶得知消息后心急如焚，立刻赶到北京营救。此时的爷爷，已被酷刑折磨得遍体鳞伤。”那年芳草碧连天，问君此去几时来，未曾想，相逢是这样的情形，“奶奶抑制不住伤心，不停地哭。爷爷看到奶奶伤心，便对她说：‘别为我难过，我的事业是正义的，革命总有一天要胜利，你等着吧。’随后他又再三叮嘱祖母：‘你不要用钱向外赎我，那样出去是不光彩的。我还要在这里和他们继续斗争……’说罢，爷爷深情抚摸着襁褓中的小女儿说道：‘我们这一代所做的一切，都是为了他们，我们死而无愧。”反动军阀还是残忍杀害了马骏，十年死生两茫茫。马骏牺牲后，杨秀蓉在回族同胞的帮助下，冒着生命危险抢回了遗体，在北京朝阳门外清真寺按回族风俗为他做了洗礼，并将其安葬在朝阳门外南下坡（现日坛公园内），并种下数株松柏。

在马骏短暂的生命中，数次进出敌人的监狱，第一次出狱后他说过一句话：“入狱以前的马骏是马骏同家人的马骏，出狱以后就是国人的马骏了。”马丽颖说，“爷爷这样说，也是这样做的，他以命许国，早就把生死置之度外。”

马骏虽牺牲了，但反动当局却不罢甘休，想方设法要将马骏妻儿赶尽杀绝。奶奶没有被反动当局威逼行为所吓倒，将爷爷遗物都藏在家中墙缝中，并自此，将三个子女隐姓埋名，靠给别人做针线活的微薄收入供养三个子女。奶奶知道爷爷是读书人，读书才能明事理，在之后的日子里，即便再艰难，也供养子女上学，把他们都培养成对祖国有用的人。

1945 年 8 月，抗战胜利，在马骏的故乡宁安，他的遗孀杨秀蓉等来了胜利的这一天。“那天，奶奶特别高兴，换上新衣裳，将家里一直放着的红布料拿出来，绑在竹竿上，做成红旗，插在自家大门口，欢庆解放”，这鲜艳的红旗，是烈士的鲜血染成的，红旗迎风招展，站在旗下的人，记忆翻涌心上。

1918 年，马骏与杨秀蓉相识，十年间，真正在一起的时光却不足一年，聚少离多，但马骏对杨秀蓉的影响是巨大的，据马丽颖介绍，爷爷很早就接受了新思想，倡导破除婚丧嫁娶中的陈规陋习，“爷爷常

1964年1月，在第三届全国人民代表大会上邓颖超与杨秀蓉合影

拉着奶奶的手，走在热闹的大街上”，在那个男女授受不亲的封建年代，这样的举动无疑是大逆不道的，但他们还是迎着世人“审判”的眼光，光明磊落地走到一起，那样的爱情，在杨秀蓉心中甜如蜜糖、坚如磐石。“爷爷教奶奶识字，告诉她革命道理，让她成为一个破除封建束缚的新女性，在奶奶心中，爷爷是人生伴侣，更是她迈向新生的引路人。”

宁安，低山丘陵地貌，境内气候条件好，有东北“小江南”之称。盛产苹果，四月春来，满山的苹果树开满绯红的花，在灿烂的日光中，这满山春花下可否留下爱人的呢喃，可否留下对美好生活的憧憬？

“爷爷牺牲后，当阿訇按照穆斯林的习俗为他沐洗遗体时，从他的兜里滚出了一个苹果”，而在马丽颖的追访中，革命者郑绍文的儿子也讲了一个关于苹果的故事。当时，还是个学生的郑绍文，和马骏一同被关在狱中。马骏在五四时期就是天安门请愿的总指挥，又在白色恐怖中回到北京，临危受命担任市委书记，在狱中威望很高。狱友们知道马骏是回族，就自发捐款，让狱卒给马书记专门去买清真饭。临刑前，马骏隔着牢笼，将一个苹果塞到了郑绍文手中。“也就是说，爷爷死的那天带着两个苹果。”这两个苹果是哪儿来的呢？马丽颖认为，狱中肯定不会有苹果，苹果一定是奶奶探监时带给爷爷的。“很可能是奶奶从家乡黑龙江省宁安市带去的，因为当地盛产苹果。”

故乡宁安，取安宁太平之意，走上革命道路的马骏越走越远，远离了家乡，也远离了安宁，在他生命最后一刻带着苹果，是带走了对亲人和家乡的无限眷恋。“奶奶送给爷爷苹果，无疑是希望他平安走出来的意思。对爷爷而言，作为国人的马骏，他无怨无悔，为挚爱的祖国留下最后一滴血，而作为家人的马骏，他是带着对妻儿的牵挂离开了。”

采访当天，马丽颖小心翼翼地拿出了她一直珍藏的宝贝：几片夹在泛黄日记本里的苹果叶，这几片叶子已有三十多年的历史。马丽颖讲述苹果叶背后的故事，搬到宁夏银川后，她家总能收到一位婆婆从北京寄来的信。“寄信的日期是爷爷的祭日，这位婆婆在爷爷的祭日都会去扫墓，并附上几片墓地旁摘下的苹果叶子。给我们寄来苹果叶，也许是告慰我们烈士

马骏夫人杨秀蓉，周总理、邓颖超称她为伟大的女性。第三届全国人民代表大会代表，曾任宁夏回族自治区政协常委，1979 年逝世

平安的一种方式吧”，马丽颖揣测道。但令马丽颖至今费解的是，爷爷墓旁的那颗苹果树是怎样种下的。《重修马骏烈士墓记》中记载：“马骏同志被反动军阀杀害后，其夫人杨秀蓉隐忍悲痛联系回族革命同胞冒着生命危险，将烈士安葬于北京朝阳门外的回民墓地，并埋下书有‘马君骏之墓’的石碑一块，植下松柏数株。”马丽颖也问过奶奶，也确实不记得种过苹果树。带着疑问，马丽颖专程到爷爷的墓查看，发现果然有一株老得不能结果的苹果树，依偎在马骏烈士墓旁。她摘下几片叶子，一直珍藏着。

1979 年春，走过 80 多年瑰丽人生的杨秀蓉在银川逝世。“在奶奶的弥留之际，她总念叨着要回家，是回宁安的故土吗，奶奶摇摇头，指着爷爷的遗像，是要与爷爷团聚。”

“这是什么时候？暮春天气。这是什么所在？是运动场亦是游戏地。遍地的桃花、梨花、苹果花——一望无际！灿烂的日光映得鲜明有趣。”这是马骏青年时写下的一首诗，他迎着灿烂的日光去战斗，在灿烂的日光里他长眠休息。在家人遵从杨秀蓉的遗愿，将其安葬在日坛公园马骏烈士墓时，马丽颖发现那棵依偎在墓旁的苹果树不见了。这一幕，瞬间击溃了马丽颖的泪腺，她恍然明白，那株爷爷墓旁不明来历的苹果树分明就是奶奶的化身，爷爷奶奶团聚了，那株苹果树也不在了。在马丽颖眼中，奶奶和爷爷同样有着至高无上的位置，她看着自己的丈夫战斗在危险的边缘，义无反顾地支持他，坚信他的事业。在西北，她最为关心的是教育事业，常去银川各中小学作革命传统报告。“奶奶四处接济群众，看不得群众吃苦，古道心肠，声望很高，在银川大家都知道有一个马奶奶，遇到困难就来找马奶奶，我们家经常人满为患，大到看病寻医，小到家庭矛盾，只要能想出办法，奶奶都会帮助解决。她古道心肠，一生从不追求个人享乐，也没有任何私人的恩恩怨怨，胸襟坦荡，最在乎的就是爷爷舍命换来的人民安宁。”

每次看到这几片苹果树叶子，马丽颖都沉浸在奶奶的音容笑貌中，从出生直到奶奶去世，马丽颖一直在奶奶身边生活，对奶奶的思念刻在心里，每每说起奶奶，马丽颖的眼眶都要浸满泪水。

马丽颖是马家孙辈中唯一的女孩，打小在奶奶杨秀蓉身边长大，她是奶奶身边最亲近的后人，从记事起，马丽颖就端着小板凳，坐在奶奶身旁听爷爷的故事。奶奶的故事一讲几十年，从青丝到白发，故事里的主人翁几十年不变：那个英俊潇洒的马骏时而振臂高呼投身爱国运动，时而青灯一盏伏案撰写进步文章，时而长衫马褂拖着脚镣在牢狱中踱步沉思，他似乎不在人世，又似乎一直没有离去。直到讲故事的人也离开马丽颖，她才如梦方醒，逝者已矣，生者如斯夫。作为革命者的后人，她要承担起使命，传承红色基因。

祖国不会忘记她的儿子

英雄为人民而流血，人民也不会忘记英雄。1951年，北京市人民政府在当年杨秀蓉埋葬马骏的地方——北京日坛公园，重建了马骏烈士墓并隆重举行公祭大会。邓颖超审定修订方案，并撰写了碑文。1952年中央人民政府颁发了经毛泽东主席亲笔签发的第23号“烈士家属证书”。1958年2月，北京举行了马骏烈士牺牲30周年纪念活动，周恩来总理在中南海接见了烈士夫人杨秀蓉等亲属。当时的情景，马丽颖依然历历在目：“周恩来总理握着奶奶的手，眼含热泪地说：‘马大嫂，天安他们用鲜血和生命换来的幸福生活，我们享受了！天安的光荣也有你的一份，你支持天安搞革命，并抚养了烈士的后代，是位了不起的坚强女性呀！’”

马骏烈士家属通知书、革命烈士证明书

烈士家属通知书

光荣

革命烈士证明书

马骏 同志在第二次国内革命战争中壮烈牺牲，经批准为革命烈士，特发此证，以资褒扬。

马丽颖的父亲马德钟排行第二，新中国成立后，在哈尔滨人事部门工作。1958年10月，宁夏回族自治区成立，作为回族干部，积极响应组织安排，到宁夏银川支援西北建设。举家从哈尔滨搬到宁夏。从繁华的大城市到满眼戈壁荒漠的大西北，落差很大，粮食和日用品匮乏，取暖也成问题，但全家老小还是安之若素，甘之如饴，自此扎根大西北。

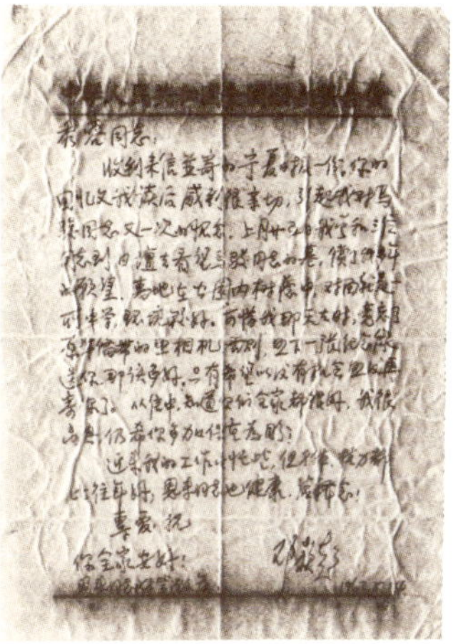

周恩来总理和邓颖超知道上了岁数的杨秀蓉也随其马德钟支援西北建设，曾多次问杨秀蓉有什么困难，但她始终只字不提。据马丽颖介绍，新中国成立后，周恩来总理一直没有忘记马骏一家，她回忆道：“有一年，他的哥哥马为华到北京出差，去中南海西花厅看望周总理和邓颖超阿姨，但时间仓促没有见到周总理。总理回来后，听说了此事，连忙派人去追我哥。这时，我哥已坐上火车走到青龙桥，火车到了青龙桥要停车换火车头，在等候出发时我哥听到车站喇叭喊他的名字让他下车，说总理要见他。这时，车里人沸腾了，把哥哥从车窗塞了出来。总理见到我哥哥硬是塞给他 500 块钱。而这 500 块钱，家人一直没动。我们知道，这是总理从自己艰苦生活中省下来的。”

邓颖超写给杨秀蓉的亲笔信

1976 年 1 月 8 日，人民爱戴的周总理与世长辞，这个噩耗传来，马丽颖搀着奶奶火速来到北京，他们一家作为亲属出现在吊唁仪式上。至今，马丽颖还记得吊唁总理时的情景，她看着周总理安详地躺在党旗下，心想总理一生为祖国鞠躬尽瘁，他的心血竭尽背后，一定有一份责任，那就是不枉身边倒下的一个个战友。

马丽颖的父亲马德钟在当地是出名的孝子，马丽颖回忆道，“父亲有一个雷打不动的习惯，就是每天都要向奶奶汇报一天的工作。父亲工作很繁忙，回到家基本是深夜了，这时奶奶睡一觉醒来了，父亲就拿着小板凳坐到奶奶床头旁，聊聊一天的工作。奶奶常和老百姓打交道，常听到群众反映的问题，如果这些事是父亲应该做但没有做到的，父亲就会扑通跪倒在地，给奶奶道歉。另外，如果我们晚辈没有好好学习调皮捣蛋了，父亲知道后，也会跪在奶奶跟前，为自己没有尽到教养的义务而自责。”应该说，马家的家教是非常严格的，“奶奶常说对我们的一句话是，‘作

马骏夫人杨秀蓉在对儿孙们进行革命传统教育

为烈士的亲属，不能躺在爷爷的功劳簿上，要努力工作学习，对得起烈士们的流血牺牲’。父亲也常教育我们守规矩，老老实实做人。”

马德钟一生在宁夏自治区的几个重要岗位工作过，两袖清风，在艰苦的西北走完一生，按照他生前的遗嘱，他的墓碑上只留下“共产党员、国人的儿子马德钟”一行字。

马丽颖一直在做寻找、弘扬父辈初心的事情

马德钟退休后，一直放不下他的父亲马骏的事，马德钟晚年身体不好，马丽颖就成了他的助手，四处搜寻马骏的资料。在马丽颖的努力下，在马骏烈士诞辰110周年之际，出版了全面反映马骏烈士一生的画册。厚厚一本画册出版后，马丽颖来到父亲和爷爷的墓前，告慰先人。作为女儿和孙女，她做了该做的事情。

与张闻天、左权成为同学

早在1920年，马骏就参加了中国共产党，1924年国共合作时期加入了中国国民党，1926年在莫斯科中山大学又转入了苏联共产党。这一份档案揭示，马骏不仅是一位胸怀高远的热血青年，一位信念坚定的共产党人，而且还是一位身跨三党的革命者。

1923 年秋，国内革命形势高涨，1924 年 1 月，国共合作局面形成。此时，国共两党都迫切需要培养大批的骨干力量，单靠苏联的东方大学的培训，已远远满足不了国内革命形势发展的需要。中国国民党积极促成苏联政府于 1925 年创办了专门为中国培养革命干部的莫斯科中山大学（孙逸仙大学）。1925 年秋，经李大钊先生推荐，马骏与他的弟弟马骅报考了中山大学。他们在五四时期的战友韩麟符资助下进入该校，成为第一批到校的学员。

中山大学位于莫斯科市沃尔洪卡大街 16 号，是一幢四层楼房。尽管当时苏联经济尚很困难，却给这些来自远方的国共两党的革命青年以很好的生活保障。能让他们在十月革命的故乡，安心、系统地学习马列主义理论，并可以自由地讨论中国革命和世界革命的问题，开展党团活动。

这期留学生人才济济，国共两党共派去了 310 多名学员。其中，共产党的学员有张闻天、王稼祥、邓希贤（邓小平,1926 年由法国转来）、陈绍禹（王明）、杨尚昆、云泽（乌兰夫）、左权、伍修权、朱瑞等，国民党有蒋经国等。

1925 年 11 月底，第一期学员们全部到校，学校举行了隆重的开学典礼。苏联共产党中央派政治局委员特洛斯基专程到校致辞，勉励大家好好学习，将来回国搞好中国革命。学员们深受鼓舞，情绪十分高昂。

中山大学学制为两年（后改为三年）期。先后开设了政治经济学、现代世界观、俄国革命理论与实践等课程。同时，为了学员们回国后从事革命斗争的需要，还开设了军事课，讲授军事理论，进行军事训练，组织学员到军事院校参观，到兵营打靶。联共和共产国际的领导同志也经常来校讲演，传授俄国革命和国际共产主义运动的理论和经验。

针对当时国际和国内的形势，学员们毕业后可能要从事地下秘密工作，所以学校对学生档案严格管理，对各种资料严格保密。校方极少给学员照相。在那里，校方给每位学生起了一个俄文名字。邓小平叫“多佐罗夫”，马骏叫“马尔赫列夫斯基”。为了地下工作需要，马骏还曾用过马天安、马光道等化名。

在中山大学，马骏的学员证号码是 60 号，马骅是 113 号。学校根据学员的文化程度等不同情况，将他们分为 11 个班，每班 30—40 人不等。张闻天被编入第一班，左权在七班，伍修权、马骏在八班，马骅与朱瑞、蒋经国在十一班。开学后，他们便投入到紧张的学习当中。同时，国共两党的学员们也开始了各自党团组织的活动。1925 年末，中共在学校成立了“旅莫中共支部”。1926 年夏，“旅莫中共支部”解散。全体中共党员都转为联共（布）党员，归联共（布）支部局（相当党委）领导。支部局的书记由苏联人担任，委员大多由中国人担任。学校安排党、团员每周召开小组会，每组 20—25 人，会议由担任指导员的苏联人主持，每位到会人员都要针对讨论的问题发言，不发言者会受到批评并被指名发言。学校对学员的要求极严格，不但要求学员参加各种活动，还要如实填写《党员批评计划案》《履历表》及自传等表格资料。

能够来到日夜向往的赤都，寻求马克思列宁主义真理，探索中国革命的道路，是马骏多年的愿望。他十分珍惜这次学习的机会，非常刻苦地钻研马列主义的基本原理，常常结合中国革命的现状与同学们展开认真热烈的讨论。据伍修权等人回忆：在中山大学，马骏、马骅兄弟俩非常活跃。他们不仅学习认真，而且经常组织大家开展各种文体活动。马骏还参与发起组织了“莫斯科中山大学俱乐部”，经常带领同学们打篮球、滑冰、举办舞会等，活跃大学的业余生活。1926 年该校学生公社（学生会）改选，马骏当选书记、陈绍禹（王明）当选主席。

1925 年到 1927 年，马骏在莫斯科中山大学学习了两年。他认真、系统地研究了马列主义基本理论，了解了苏俄和欧洲各国革命的现状，比较系统地掌握了国际共产主义运动和中国革命运动的发展历史，理论水平和对中国革命等问题的基本认识大大提高，他的共产主义理想信念更加坚定。

1927 年，蒋介石发动“四一二”反革命政变，大肆屠杀共产党人，白色恐怖笼罩着中国大地，中国共产党的力量遭受到重大损失。为此，党中央从正在莫斯科学习的几个学校中抽调一批干部回国，充实力量。马骏奉调与邓希贤等同志同期回国。马骏到武汉中央局报到后赴北京，任中共北京市委负责人，着手恢复北京的党组织。

经过莫斯科中山大学两年的学习，马骏为在中国实现苏维埃式政权，实现共产主义的理想信念更加坚定，革命斗志更加昂扬。他不畏白色恐怖的危险，奋不顾身地开展工作，很快就恢复了中共北京党的地下组织，展开了与当时盘踞在北京的奉系军阀张作霖的斗争。

正当地下工作开展得有声有色时，因叛徒出卖，市委机关被再次破坏。1927 年 2 月 3 日，马骏被捕入狱。在狱中，他受尽了酷刑拷打，坚贞不屈。敌人软硬兼施，安排专人诱降，张作霖亲自审讯，劝说马骏脱离共产党，给他做事。马骏不为所动，书写了《告东北同胞书》，控诉张作霖勾结日本出卖东北资源等罪行。同时，发出气壮山河之声，他说："我过去是共产党，现在是共产党，将来永远是共产党！只要我还有一口气，叫我不宣传马列主义，不宣传革命，这比太阳从西边出来还难！"表达了自己为实现共产主义奋斗到底的决心。这也是马骏作为共产党员的初心最真实的写照。

习近平同志指出："近代以后，中华民族遭受的苦难之重、付出的牺牲之大，在世界上都是罕见的。但是，中国人民从不屈服，不断奋起抗争，终于掌握了自己的命运，开始了建设自己国家的伟大进程，充分展示以爱国主义为核心的伟大民族精神。"毫无疑问，马骏就是这千千万万不屈抗争的中华儿女中的一员。牺牲是一个强大国家和优秀民族不可或缺的血性根脉，崇尚英雄则是一个民族崛起必须拥有的价值取向和情怀。

三十余年来，马丽颖一直义务当民族小学的校外辅导员，为学生们讲马骏烈士的爱国事迹，她始终相信这是一种传承，会有更多人传承爷爷这些老一辈革

马丽颖在爷爷墓前做宣讲

命家的爱国初心。马丽颖深情地说：我们党的历史，是中国共产党人探索中华民族复兴的历史，是带领着各族人民英勇奋斗、流血牺牲、前赴后继，从苦难走向辉煌的波澜壮阔的历史，是一部可歌可泣的历史，是一部永远值得称颂的历史。

◎ 人物小传

马骏（1895—1928 年），又名天安，回族。吉林省宁安县（今属黑龙江省）人。党的早期活动家和领导者之一，中国革命的先驱人物，第一批入党的回族党员。1902 年，马骏考入了山西大学堂西斋预备科第二期学习，1915 年，考入天津南开中学，参加到周恩来等组织的“敬业乐群社”中，并两任该校演说会、学生讨论会及自治励学会的会长及义塾服务团总董及教务长。1912 年入吉林一中。1915 年，马骏父亲仰慕天津南开中学的新学风，不远千里，送马骏前去投考。

1919 考入南开大学，同年 5 月 4 日，北京天安门广场爆发了“外国争权，内惩国贼”的爱国学生运动。天津学生即刻响应，举行了游行示威。5 月 7 日，十五所中等以上的学校成立了天津学生联合会，马骏当选为副会长兼执行部长。成为“五四”运动的主要青年领袖之一。

1919 年 9 月，和周恩来、郭隆真、邓颖超等 20 位男女青年成立了革命团体——“觉悟社”。

1925 年“五卅运动”时，他领导吉林人民予以声援，并联合各界组织了“吉林沪案后援会”，任会长。举行大规模的反帝爱国运动。同年 10 月，被派往苏联莫斯科中山大学学习。次年 9 月，当选为中山大学学生公社书记。

1927 年大革命失败后，马骏奉调回国，任中共北京市委书记兼组织部长，重建和恢复了北京市各级党的组织。在极其危险和艰苦的条件下，与敌人周旋，开展工作。1928 年 2 月 15 日，在北京被奉系军阀张作霖杀害，英勇就义。

5 从陕北寄给“长征零公里处”的家书

——专访黄上禄烈士之子黄辉昌

初心小记：黄上禄给家人的信中写道：“我已经成为一名正式军人，军队中生活很快乐，身体很健康，还学到很多文化知识。”信中他还报告父母说，为了实现国内和平与民族解放，他要与战友携手到战场战斗。家人收到信又赶忙按照地址复信，但同样又是杳无音信。而这也是黄上禄与家人的最后一次联系。

保留在黄辉昌手中的黄上禄画像

长汀，这座闽西县城，人们知道她，或许是因为这里是党早期领导人瞿秋白的就义地。1936年6月，留守苏区坚持进行战斗的瞿秋白被捕，在匪兵刀枪密布环绕之下，缓步走向刑场，手挟香烟，昂首挺立，沿途唱着《国际歌》和《红军歌》。抵达刑场后，瞿秋白盘膝坐在草坪上，对刽子手微笑点头，“此地甚好!”饮弹洒血，慷慨就义。“英特纳雄奈尔”的歌声，回响在长汀城门西

位于长汀的红军长征第一村纪念碑

的罗汉岭广场。

人们知道长汀也或许是因为这里是红军战将杨成武的故乡。在长征途中，杨成武和耿飚率领的长征先锋第一团战功显赫，在飞夺泸定桥的战斗中，先锋第一团沿崎岖山路昼夜奔袭240里，创人类行军最高纪录，奇迹般地夺取泸定桥，为全军踏出北上的道路，使中央红军转危为安。

人们知道长汀，抑或是因为毛泽东在这里写下脍炙人口的诗句，“红旗跃过汀江，直下龙岩上杭”。1929年5月，毛泽东决定入闽赤化闽西各县，与盘踞龙岩的地方军阀进行战斗，“风云突变，军阀重开战。洒向人间都是怨”，在激烈的渡江战中，中国工农红军第四军战旗矗立船头，乘满红军的木船劈波斩浪直指江对岸，三四千名红军官兵和几十匹战马突破军阀“围剿”，渡过汀江。红军入闽后，“打土豪、分田地”，受到闽西群众欢迎踊跃参军，兵强马壮，军威大振，“收拾金瓯一片，分田分地真忙”。

但人们或许不知道，长汀是二万五千里长征的零公里处。1934 年 9 月 30 日，红一方面军红九军团这支刚打完松毛岭战役的英勇铁军，奉上级指示，率先进行战略转移，在长汀县南大门附近的中复村召开誓师大会，告别父老乡亲，迈出了二万五千里长征的第一步。

关于中央红军长征出发地的问题，在 1951 年版的《毛泽东选集》注释中就清楚说明，是“从福建西部的长汀、宁化和江西南部的瑞金、于都等地出发，开始战略性的大转移”。长汀人民对长征的贡献很大，长汀人民踊跃参军，常常是一整个村乃至一整个乡的青年全部随军长征，长汀籍参加长征的有杨成武、傅连暲等。

在长汀，笔者选取了其中一名红军战士黄上禄作为代表，对其后人进行采访，黄上禄烈士的代表性在于，一是黄上禄全程走完长征；二是在他抵达陕北后，向家中写来两封家书，报告了长征的胜利。

红军首次穿上统一的军装

千山竞秀、群峦叠嶂，武夷山在闽西拐出厚厚的脊背。昔日的炮火声早已沉寂在大山深处，如今，这山峦中回响的是火车穿过群山隧道的轰隆声，火车停靠在新落成的长汀高铁站，眼前的群山在薄雾中巍峨耸立。

长汀县党史办研究员郭添阳指着远山对笔者说，“闽西的千米高山很多，山那边就是江西，红军常常翻山越岭作战，千军万马，像天降神兵一般，分成几路，一齐冲下山来。顿时满山遍野红旗招展，军号声、冲杀声，响彻山川，常打得敌军措手不及。但在第五次反“围剿”中，松毛岭保卫战打得很惨烈，战斗打了七天七夜。”1934 年 9 月 23 日，敌东路军第三十六师、第十师、第八十三师三个师，配备飞机、大炮向松毛岭猛烈进攻，数小时内发射了几千发炮弹，敌机周而复始地轰炸。我红九军团在军团长罗炳辉带领下，联合红二十四师和地方武装，与敌人展开了空前激烈的战斗，枪声、手榴弹和炮弹爆炸声震耳欲聋，喊杀声响彻云霄。鏖战整日，我红九军团、红二十四师扼守的阵地巍然屹立，在一定程度上阻滞了敌人在东线的进攻，对中央红军长征的准备发挥了积极作用。

据长汀县党史办研究员郭添阳介绍，松毛岭战役中，我军牺牲惨烈，但却打出了气势。红九军团从松毛岭下来进行战略转移，与父老乡亲告别时，长汀老百姓自发地夹道欢送，处处是红旗漫卷、军民相拥的场面。红九军团参谋长郭天民在大会上向到会群众作告别讲话，说：“红军马上要转移，去执行新的任务。”老百姓与红军感情深厚，很多群众跟着红军一起转移，加入长征队伍。

黄上禄就是其中的一名，参加长征时他刚 17 岁，

松毛岭战斗烈士纪念碑

是名裁缝。长汀是闽赣两省边陲要冲，毗邻汀江，水运发达，富商云集，手工作坊遍布城乡，有很好的经济基础。1929 年，毛泽东、朱德领导的红四军解放长汀，考虑到自红四军创建以来，军装各种各样，有的战士穿着从家里带来的衣服，有的穿着从敌人那缴来的军衣，五花八门，很不整齐，且经过战斗，战士们衣衫褴褛加之天气寒冷，急需更换。

“军服也是一种武器”，毛泽东很重视军服生产，决定利用长汀良好的缝纫、印染条件，赶制 4000 套军装，并在长汀南门街成立了红军临时被服厂，集中缝制军装。黄上禄成为被服厂为数不多的裁缝师傅。由于时间紧，数量多，工人少，机器不够用，裁缝师傅两班倒，日夜加班赶制。

新军服的样式是由朱德亲自审定的，上衣为中山装式，裤子为普通样式，配绑腿，灰蓝色。由于此时适逢列宁逝世五周年，为缅怀这位革命导师，领子上绣一圈黑边；军帽为八角形，仿照列宁戴过的八角帽，并缝上红五星帽徽。红四军战士穿上新军装，士气大增，举行盛大的阅兵典礼，以整齐威武的军容，接受毛泽东、朱德、陈毅等领导检阅。这是红四军创建以来，第一次穿上统一的新军装，也是红军首次统一服装。

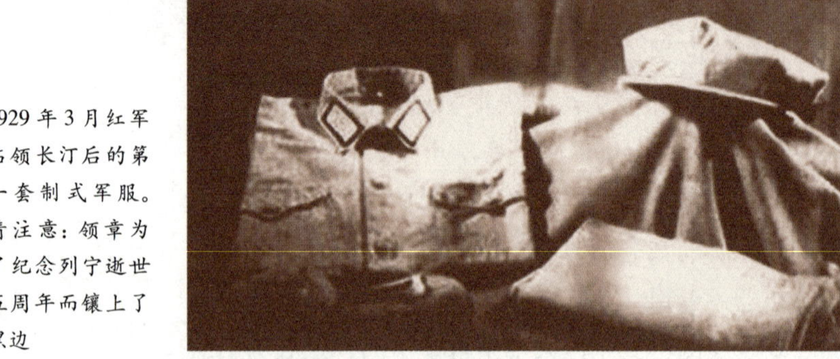

1929年3月红军占领长汀后的第一套制式军服。请注意：领章为了纪念列宁逝世五周年而镶上了黑边

有数据可查，当时被服厂有二三十位裁缝，平均下来，每人要缝制一两千套军装。尚是小小年纪的黄上禄，“线来针去日日忙”，一针一线中，那八角帽上的红星熠熠生辉；一针一线中，他对红军的感情日日沉淀。红军进行战略转移时，黄上禄决定一起走，但这一走，就再也没有回来过。

在长汀期间，笔者专程采访了黄上禄的儿子黄辉昌。准确地说，是黄上禄的侄子，黄上禄离开长汀时没有成家，之后也没回来，家里老人便把尚在襁褓中的黄辉昌过继给他，好让黄上禄后继有人。黄辉昌告诉笔者，“爷爷黄国彬共育有八个子女，当年红军转移时，老五黄上林、老七黄马七和老小黄上禄这三兄弟都提出要随红军长征，但奶奶反对黄上禄去，一是因为他年龄小，二是家里要留个男丁。但黄上禄坚持要去，说他要给战士缝衣服。”

两封报平安的家书

在后来的战斗中，黄上林战亡，黄马七负伤归家。黄家老母不断地打听“细仔”黄上禄的下落，凡见到红军模样的人就上前询问有没见过他的“细仔”。终于，在隔壁村刘发标的口中得到小儿下落。刘发标

黄上禄儿子黄辉昌展示保存完好的家书

在长征路途中与大部队失散一路讨饭回乡，他告诉黄母他们随红军大部队一路向西，走到了湖南境内，在行军途中，他看见黄上禄肩上背着包袱，手里拿着拐杖。得到这个消息，黄母稍感安慰，但直到不久后，收到黄上禄的书信黄母心里的石头才真正落了下来。

1936 年 12 月，离黄上禄从长汀出发两年时间，黄家收到黄上禄发自陕西的信，信中流露出新生活的喜悦之情和对家人的惦念，“经过东飘西荡，已经安定下来”，“父母双亲和弟妹可否一切都好，盼望收到回信”。家人便赶忙找来会写字的先生按照信封上的地址复信。但之后又是很长一段时间杳无音信，直至 1937 年 7 月 14 日，黄家又收到来信。

黄辉昌告诉笔者，实际上，黄上禄没有收到家人寄的回信，在第二封信中，他还在问家人收没收到之前的信件，并急切地想知道家人有没有受到敌军迫害。但即便在不确定家人能否收到信的情况下，黄上禄还是又写了一封信，比第一封信写得更为详细，字也比第一封更俊秀。信上写道：“我已经成为一名正式军人，军队中生活很快乐，身体很健康，还学到很多文化知识。”信中他还报告父母说，现在内战开始了，为了实现国内和平和民族解放，他要与战友携手到战场战斗。家人收到信又赶忙按照地址复信，但同样又是杳无音信。而这也是黄上禄与家人的最后一次联系。

这两封共四页的家书，一直在黄辉昌的奶奶手中保存。黄辉昌的奶奶怕错过黄上禄的信，怕黄上禄回来后找不到家，始终没有搬离祖屋，守候“细仔”的归期，但直至去世，“细仔”给她的所有音信，仍是

两封家书

这两封信。奶奶去世后，把信传给了黄辉昌。80多年过去，虽然信纸泛黄、字迹斑驳，但信纸保存得平整，每次打开信笺，黄辉昌都格外小心，颤巍的手牵连着一颗悸动的心，“我一生没见过父亲，不知道他后来都打了哪些战役，牺牲在哪里。”

家书成为传家宝

从未见过“父亲”的面，黄辉昌一直想象他的样子。奶奶告诉他，兄弟几个黄上禄长得最像父亲，黄辉昌便根据爷爷的样子找人给“父亲”画了像，作为永久的珍存。几十年来，这张照片连同那两封信，从没离开过黄辉昌，视之为珍宝。如今年七十多岁的黄辉昌三世同堂，他把这照片挂在家中最显眼的位置，家书更是一段历史的真实记录，“在长征面前，一切苦都不算苦，都可以克服”。这也成为黄家的家训。黄辉昌自幼勤读苦学，1978年从长汀师范专科学校（现长汀师范学院）毕业，直至退休，一直在长汀县政法系统工作，曾多次获得全省司法系统先进个人，荣立过三等功。年轻时，他有几次机会可以调到省里工作，但黄辉昌坚持留在长汀，在这里，他感到离父亲最近。

2005年，长汀县建成“红军烈士陵园”，以祭奠长汀籍的红军烈士。烈士碑上铭刻着黄上禄的名字。每年清明，黄辉昌都会和家人来此祭扫，为前辈献上一束花。

“长汀人民对中央红军长征胜利的贡献很大，长汀人民参军参战，在福建全省或整个中央苏区成绩是显著的，有一万七千多人参加红军，其中参加了长征的有数千人，长途跋涉、征战万里，多数人在长征路上就献出宝贵生命。”党史办郭添阳说。笔者在长汀县博物馆陈列的《长汀县烈士英名录》上，查看到长征期间牺牲的有名有姓的烈士就有六百余名，而其中又有多少无名英雄，无人知晓。

长汀县南大门的南山镇中复村，自唐代开基以来已有上千年的历史。当年，红军在长汀县南大门的中复村誓师，宣告开始战略转移，二万五千里的漫漫征程从这条卵石铺砌的古街走出。如今，这条路依然保持原貌，行人穿梭，卵石披上岁月的苔藓。当你靠近它们，依稀能够听到那红旗漫卷的猎猎声和战士疾步行军的踏步声。

6 “铁面将军”罗炳辉的侠骨柔情

——访罗炳辉之子罗新安

初心小记： 烽火连天的岁月，常年征战沙场的罗炳辉难得有温馨的家庭生活，看着蚊帐里熟睡的爱妻和孺子，征战沙场的情景在脑海里翻腾，豪情如虹，将军提笔抒怀：“正酷暑夜露树下荷塘边，逢明秀安儿同我共帐眠，巧满天无云浩月风清爽。忆暴动成红军内战九载，在敌后抗日屈指已八年。身经数千次战阵今余生，反省服务人民心如日月，牺牲一切忠贞共产主义。尚希子继余正义立志行，求共产社会主义早实现。”

毛泽东一生指挥战斗无数，用兵如神，但其平生最得意的战役要数四渡赤水。他亲自说过，“四渡赤水才是我的得意之笔。”罗炳辉领导的红九军团，是毛泽东走赢四渡赤水这盘棋最重要的一个棋子。

1937 年，海伦·斯诺（斯诺夫人）在笔下是这样描写罗炳辉的，“他可真称得上是中国的一条响当当的硬汉子，在中国历史上任何时期都为人们所热爱。他是中国人所热爱的那种‘关帝’型的民族英雄，‘一个智勇双全的人物’。他往往以智胜敌，给敌人以重创。他所谈的智诱敌军的故事简直就像从‘三

罗炳辉的“全家福”照片

国’里摘出来的一样——总有一天这些故事本身会成为民间英雄故事的”。

电影“从奴隶到将军”写的是“奴隶娃”罗霄成长为将军的故事，罗炳辉就是罗霄的原型。他是红军、八路军、新四军的高级将领，在全国即将解放之际的1946年牺牲。他是新中国成立后中央军委认定的解放军36个军事家之一。被评为100位为新中国成立作出突出贡献的英雄模范人物。

“战士双脚走天下，四渡赤水出奇兵。乌江天险重飞渡……调虎离山袭金沙，毛主席用兵真如神。”罗炳辉牺牲时，他的幼子罗新安刚满两岁，直至今日，罗新安对父亲没有太多印象，但这首《四渡赤水》是罗新安最喜欢的调子，打着节奏哼唱这首歌，从青年唱到暮年，他所想象的父亲那高大威武、英勇作战的身影便浮现在眼前。

近日，笔者到位于上海徐汇区太原路的寓所拜访罗新安时，年过七十的罗老“藏”在书堆里，十余平方米的房间，即便开着灯也很昏暗，书刊堆满四处，他趴在电脑桌前，身后那张窄窄的小床也被书和杂物占领，屋内唯一的亮色是几棵散落在已掉漆的木头桌上的“上海青”，这是他烧午饭剩下的食材。

罗新安一生最大的遗憾是父亲留下的印象太少，

罗新安在云南彝良瞻仰父亲的故居

但他追寻父亲的脚步一生都未停歇。最近，罗新安编写了一本关于他父亲生平的书，这本书凝聚了他退休后20年来的心血，他四处寻访，到父亲当年作战的地方收集采访，每有新的发现，就回家一点点敲到电脑里。日积月累，父亲的形象在他心中渐渐清晰起来，“父亲是一个特别能讲大局的人！四渡赤水，父亲完成中央交给他的任务，成功掩护了主力红军渡过乌江，按常理，他也可随后渡江，但他认为这样对已渡江的主力部队十分不利，便留下来与敌人周旋”。

行军路线最长的长征军团长

时光拉回到波澜壮阔的长征年代。黔北的群山随夜幕降临而沉入寂静，阵阵山风带着早春的料峭寒意，针刺般地袭击着坚守阵地的红军战士，度过漫长

延安时期的罗炳辉

的黑夜，至黎明时分，敌人鱼贯走进我军布下的埋伏圈。罗炳辉一声令下，十几名司号员同时吹响号角，红军居高临下，向敌人猛打猛冲，敌人顿时乱作一团，呼号声四起。

红军在黔北虽数度摆脱敌人尾追，但都没有彻底甩掉敌人，要大幅度地摆脱敌军，一个重要策略就是诱敌。但是，要用少数兵力牵制大量敌人，绝非容易事。毛泽东在思考这一战略决策时，首先想到罗炳辉率领的九军团。“老九”能跑善打，敢于独立作战。

1935 年 4 月，红九军团接受中央军委命令，伪装成红军主力，诱敌南辕北辙。在主力红军渡过乌江后，九军团被隔在北岸，前面是滔滔江水，后面是敌人重兵。大敌当前，临危不乱，方显出英雄本色。罗炳辉从大局考虑，果断决定放弃前进渡江，留下来与敌人周旋战斗。好多指战员觉得不去找中央会合，好像失去娘的孩子，没有依靠，担心孤军作战会被敌人吃掉，消极紧张情绪挂满在战士的脸上。“父亲就去做大家的思想工作，强调要从革命的全局出发，只要党中央和红军主力存在，中国革命就有希望，红九军团就有希望！”

在罗炳辉的动员和领导下，指战员英勇拼杀，仅菜子坳一战，就以仅17个连的兵力打垮了黔军3000多人，俘敌1800多人，缴获枪支千余、弹药万发。战士们欢呼，“这一仗打得好，是罗军团长指挥得好！”菜子坳战斗，成为红军以少胜多的一个战斗典范。

罗新安有个判断，父亲领导的红九军团是长征时，行军路线最长的一个军团，总共走了3万余公里。——“因为长征期间，父亲领导部队屡次担负掩护主力部队任务，牵制敌军迂回作战。”

赋诗寄初心

罗炳辉短暂的一生，参加了土地革命、抗日战争和解放战争，在中国革命各个时期都留下英勇作战的足迹，是有名的“铁面将军”，这种“铁面”似乎可以看作不近人情。罗新安说，“他也确实是这样的一个人。总会站在大局的立场作出取舍，而不是考虑个人的得失。”

采访中，罗新安小心翼翼拿出一个笔记本，里面夹着一张泛黄的照片，这是罗新安最心爱“宝贝”，照片中在战场中赫赫神武的罗炳辉笑容可掬，怀抱着不到两岁的罗新安，这张有 70 年历史的照片是父爱见证，也是罗炳辉将军对祖国、对民族之爱的传承。

月光如水，树影婆娑，夜风送爽。烽火连天的岁月，常年征战沙场的罗炳辉难得有温馨的家庭生活。看着蚊帐里熟睡的爱妻和孩子，征战沙场的情景在脑海里翻腾，豪情如虹，将军提笔抒怀，“正酷暑夜露树下荷塘边，逢明秀安儿同我共帐眠，巧满天无云浩月风清爽。忆暴动成红军内战九载，在敌后抗日屈指已八年。身经数千次战阵今余生，反省服务人民心如日月，牺牲一切忠贞共产主义。尚希子继余正义立志行，求共产社会主义早实现”。

而此时的将军正经受伤病煎熬，常年紧张的征战和过度的劳累，使罗炳辉积劳成疾。1946 年 6 月 21

罗炳辉、张明秀与罗新安、罗鲁安合影

日，在陈毅等领导同志的守护下，罗炳辉将军的心脏停止了跳动，是年49岁。当时，罗新安跟着妈妈在灵堂吃饭，突然跑到棺材旁，边用小手拍打棺材，边叫爸爸吃饭。见此情景，全场无不动容，一片哭声。

少年罗新安与妹妹罗鲁安的合影

小时候的罗新安对父亲打仗牺牲不理解，总是缠着妈妈要爸爸。罗新安上小学后，妈妈杨明秀教他念了父亲写下的这首十言诗，如今他倒背如流。照片的背面是罗新安誊抄的父亲的十言诗。铿锵有力诵读着这些父亲写下的句子，罗新安陷入沉思，他说——“父亲写这段字的时刻，应该是美好而幸福的”。

“尚希子继余正义立志行，求共产社会主义早实现”——“实现共产主义是父亲加入中国共产党、戎马一生的初心，父亲深知自己有生之年看不到共产主义实现的那一刻，但他并不觉得为之奋斗的共产主义是虚无缥缈的，为人民幸福而奋斗就是在兑现实现共产主义的初心”。

罗炳辉的初心是怎样形成的？

“我父亲出生在云南省彝良县一个贫苦农民的家里，家里只有一座窝棚用以栖身，真可谓地无一分，房无一间。靠着给地主当佃户勉强为生。父亲从小过着贫苦的生活，受尽了地主恶霸的欺凌。父亲立誓要报仇。报仇是父亲离家从军的初心。

加入滇军以后，父亲发现像他这样受苦的劳动大众遍天下，如何报得完啊？父亲踏入了寻找为天下受苦人报仇办法的旅途。同时不忘自己的初心尽可能为受苦的人民大众主持公道。”

1922 年 5 月，罗炳辉参加北伐，负责运送 200 余担交通器材到前线部队。行军 20 多天，行程千余公里。沿途困难重重，凭着强健的体魄、吃苦耐劳的精神、积极负责与公正，率队顺利完成任务。完成任务后，罗炳辉到军需处领钱，准备补发每个民夫百余元的欠款，其他军官却乘父亲到军需处的空当，造谣把民夫吓跑，然后逼父亲将民夫的工钱拿来平分。父亲执意要上缴军需处，那些军官不依，并以要不要命威胁，硬将 1 万多元钱抢去分掉，罗炳辉和民夫分文未得。

1928 年，罗炳辉在江西某地单独驻防时，尽量为人民群众主持公道，深得地方人民拥护。部队离开调往别处时，穷家小户均放爆竹。人民誉他为包公再生、万家活佛、救苦救难、慈爱的父母还有其他许多的标语、匾牌、对联等。

“这期间，父亲接触到了共产党，他发现共产党的理念与自己的初心都是为了人民的幸福而奋斗。1929 年 7 月，父亲秘密地参加了共产党。这时父亲的初心就是共产党的初心，为了人民的幸福奋斗。父亲为此奋斗了终生。

——因为这个初心，造就了父亲的性格：无论何时何地，只要发现违反军事纪律、不认真训练、违反群众纪律和损害群众利益的事和人，他都能够立即严肃地予以指出、处理，甚至发脾气。

——因为这个初心，父亲始终把人民群众的利益放在首位，尽力维护群众的利益，在北伐中群众称他为‘包公再生’，在抗日战争中，群众称他为‘罗青天’。

——因为这个初心，父亲努力学习军事技术。他通过实战学习指挥，成为军事家；创造了‘梅花桩’‘麻雀战’等多种战术；通过极严格的练兵，把一支缺少枪支、弹药和补给的‘叫花子’部队造就了成了延伸到日伪心脏南京的抗日先锋部队；认真学习军事技术，成为神枪手……

——因为这个初心，父亲努力学习文化知识，从一个‘半文盲’到能写军事著作、几万字自传。

——因为这个初心，父亲忘我地进行工作，积劳成疾，但是他仍然奋不顾身。1946 年医生联名上书，组织上已经批准他去苏联医病，1946 年 4 月，中央命令他担任新四军副军长，父亲义无反顾地上前线。2 个月后病故。”

这个初心，也刻印在他生命最后时刻。1946 年 6

罗炳辉将军墓

月 21 日，罗炳辉在前线病重往后方送。中途他突然昏迷不醒。过了一会儿，慢慢清醒过来，勤务员马上端杯子给他喝水，罗炳辉喝了点水后问他：“给司机师傅送水了没有？”勤务员回答，“没有。”罗炳辉叹了一口气后说，“教了你们这么久，还没有学会照顾人。”说完不久又昏迷过去，从此就没有再醒过来。

“父亲直到生命的最后一刻，仍然牢记初心，想到是别人。”

一篇文章促成国家监察部门的成立

罗新安自评是个“好奇心、求学欲强”的人，这也酷似他父亲。罗炳辉年幼离开家乡参加革命，目不识丁。走上革命道路后，他注意学习文化知识。“我妈妈常敬佩父亲的学习精神，有几年他俩在武汉工作，三伏天里，晚上回到家，他也不放松学习，席地而坐，刻苦攻读，身上的汗水成片往下流。后来父亲能写一手漂亮的文章，还经常给家里面写信。”

罗炳辉牺牲后，罗新安跟随母亲生活，他的母亲

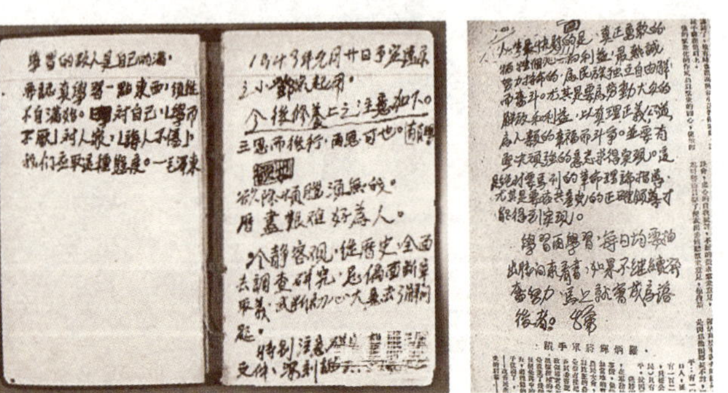

罗炳辉手迹

张明秀（中）在延安时的照片

张明秀是一位从长征中走出来的杰出干部。1937 年 9 月，经毛泽东介绍，在延安与罗炳辉组建家庭。

新中国成立后，张明秀听从组织分配到上海工作。罗新安学习优秀，就读于上海著名高中——南洋模范中学。高中毕业后，他考取了哈尔滨军工大学，学习无线电专业。1968 年，罗新安从学校毕业，当时新成立的无锡无线电厂需要技术人员，罗新安没有犹豫，收拾好行李到厂里报道了。4 年后，苏州电视机厂又调他去研发技术，罗新安也欣然答应，“父亲想让我当军人、学技术，就是让我服从命令。和平年代，国家建设就是命令，哪里需要，我就去哪里!”罗新安在不同的岗位上总能干得风生水起，取得骄人

张明秀与幼年的罗新安合影

罗新安与母亲合影

成绩。在苏州电视机厂工作了5年后，上海体育科技研究所希望他能为运动员训练建设录像分析系统。他又投入这个全新的领域，技术研发填补了国内多项技术空白，获得了三次国家级和上海市级的科技成果奖。

20世纪80年代，罗新安在《社会科学》杂志上发表了一篇论文，引发强烈的社会反响，并促成监察部门的成立。（编者注：1986年12月，第六届全国人民代表大会常委会第18次会议决定设立中华人民共和国监察部。）这篇文章的缘起是罗新安受邀参加纪念罗炳辉的一个活动。“到了当地，我受到公社的热情款待，但很快我就发现铺张浪费的现象，中午公社上了一桌子饭菜，我知道当地是贫苦地区，好多老乡都吃不饱饭，对着这桌子饭，我一点胃口都没有，我想如果父亲看到这个场面，肯定会很生气的！”罗新安认识到这种基层政府的腐败问题不是孤立的，比如，他看到很多国营企业工作人员私拿回扣的现象等。他陷入深深的思考中：到底是哪里出了问题？几天几夜的忧虑和思索，他找出问题的症结——监督的缺失，他提笔疾书，以“恢复和健全国家行政监督机构”为题，写了一篇文章，报送给上海市委市政府，并很快得到肯定的回复。《社会科学》刊发全文，并配编者按，引发了一轮社会热议，直至今天，在网上仍然可以查看到这篇文章。身边同事看了文章，跟他开玩笑，说他不务正业，搞起社会科学了。但罗新安不以为然，在很小的时候，他就抄录了父亲的一段话作为自己的座右铭：“人生最快慰的是真正勇敢地牺牲个人的一切利益，最热诚努力地为民族独立、自由解放而斗争，尤其要为劳动大众的解放和利益，以真理、正义、公道为人类的幸福而斗争。”而且，他相信严于律己、铁面无私的父亲是希望他这样做的。

“父亲很痛恨假公济私的事，对部队执行纪律工作抓得特别紧，他不能容忍有任何损害群众利益的事情存在。淮海抗日根据地人民称爸爸‘罗青天’，父亲把严于律己的观念也带到家中。有一次，妈妈进屋，警卫员马上给她倒了一盆洗脸水，正准备退出去，立刻被父亲叫住了，严肃地问道，组织上派你来干什么的？警卫员答，照顾首长。父亲说，那你为什么给她倒水！警卫员只得承认错误，并保证下不为例。我妈妈也是老红军，给她倒一盆水也是情理之中，但是，父亲却让警卫员承认错误。”

年轻时的罗新安

一家三代的“学霸”基因

在与罗新安接触的短暂一天时间里，笔者发现，罗老有着超强的学习和研究能力，他常能抓住人们容易忽略的现象，并作出自己的分析与判断，比如采访中，他还谈了对中国汉字独特的研究，他把中国人的逻辑思维与汉字进行联系，认为中国人思维方式的特点是：类比思维丰富、演绎思维、归纳思维缺少，这与汉字罕见抽象名词有关。诸如此类的研究，他经常会写到自己的博客上，他的网络博客保持着规律的更新。那些文章长则上万字、短则寥寥数语。博客文章，都是他伏在那台有十年历史的电脑上敲出来的。

在诸多他所涉猎的研究领域中，把青少年心理、青少年教育作为集中研究的对象，并作为自己的一项事业，他每周都要去趟图书城，研读大量心理学、教育学的书籍，在长久的研究中，确立了自己的理论体系，完成了《教育新天地：如何培养孩子》《网瘾怎么办》等专著。他编写的《理想在我心中》一书，通过讲革命传统故事的形式，展现了理想人格的模式，成为中宣部推荐的百本读物之一。

罗新安的小儿子鲁鲁，1983 年出生。那时，罗新安研究教育心理学已经六七年了。罗新安根据研究所得，按照“独立”“自我选择”和爱好激发等方法培育鲁鲁。现在，鲁鲁是瑞士罗斯柴尔德家族私人银行的金融分析师，跻身高管之列。2015 年，他被评为罗斯柴尔德私人银行的优秀青年员工并获价值 2 万多股份奖励，可以参加分红。据了解，这种股份只有罗斯柴尔德的高级管理人员才有。日内瓦华人称他为“华人的骄傲”。

罗新安告诉笔者，40岁以前，他可以说是个“文盲”。

1950年12月，罗新安和妹妹随妈妈进入上海。“1951年春节期间，有人对妈妈说，孩子可以上学了，妈妈急急忙忙让我插班入小学一年级，由于从未受过管束，上课时我经常自说自话地到操场上走一圈、在爬手架上坐一会。老师批评时，我还争辩道，老师不是要我们多晒太阳吗？期终考试时只能抄同座的试卷，甚至连姓名也照抄不误。只能留级。小学五年级时，语文补考。唯一看过的小说是《静静的顿河》，但是半途而废。

“高三那年，我们班从北京转来一位女同学，一副400多度的眼镜架在鼻梁上，她的语文特别好，当她用带北京腔的普通话来朗读自己的范文时，令我羡慕不已。”这个姑娘后来成为罗新安的初恋，“也许这也是一种补偿吧。那时候，我自认是个文盲，我情愿干一天体力活也不愿意写10分钟的文章。”

1983年，一次偶然的机会，罗新安应山东有关方面的邀约，写一篇罗炳辉的传记。“我一直想为父亲做点事，就从写父亲开始吧。记得那是在冬天，天气很冷，我穿着哈军工发的皮大衣、毛皮大头鞋，坐在朝北的小房间里日夜写作，越写越多，越写越想写，不知不觉写了20多万字。完成后，我大哭了一场。感觉心里很痛快，像卸掉一块重重的石头。”

他一直把写作看成神圣的事，40岁那年，罗新安迈入写作的“殿堂”。罗新安钻研心理学后，把自己思考写成书，“第一本书简直拿不出手，但是我的皮厚，不怕失败，第一本书交给北京的一家出版社，书稿十分粗糙，好在编辑十分热心，终于出版。我对书稿反复修改，其中较大的修改就有 60 多次。”

罗新安一直没有停止过写作，涉足剧本、故事集等有 100 多万字。罗新安向笔者透露他的写作秘诀——“修改”，1 次、2 次……一般要修改 20 多次。20 世纪 90 年代初，罗新安就开始用电脑写作，用电脑写东西非常适合罗新安反复修改的特点。

现在，写作是罗新安最大的乐趣之一，两天不写点东西他浑身就会有点不自在了。在笔者采访期间，罗新安正在编写《中国道德新论》一书，罗新安沉浸在自己的精神世界中，当笔者把什么是共产党人的初心这一问题留给他时，他说了这样一段话：“我一生经历了很多坎坷，但一路走下来，我无暇考虑世界设下的种种磨难，我也不在乎物质上的得失，人区别于动物，在于有信念，我和父亲母亲的信念一样——能够为大多数人的幸福而做些事，就足矣了。”

◎ 人物小传

罗炳辉（1897—1946 年），云南省彝良县人，原名罗德富，自字宿星，出身于汉族农家。1922 年随滇军到广东，1929 年 7 月加入中国共产党。10 月，在江西吉安率部起义，加入中国工农红军。历任红军独立第五团团长、第六军第二旅旅长、第二纵队司令、第十二军军长、第二十二军军长、第九军团总指挥，在反“围剿”战争中屡立战功。长征时，率红军第九军团掩护中央红军主力作出了贡献。抗日战争期间，历任新四军第一支队副司令、江北指挥部副指挥兼第二支队司令、第二师师长，为开创苏南、苏皖边、淮南等抗日根据地作出了贡献。抗日战争胜利后，任新四军第二副军长兼山东军区副司令员。1946年蒋介石发动全面内战，进攻山东解放区时，他带病指挥反击。6月21日，病逝于前线，后安葬于山东临沂烈士陵园。苏皖边区政府将天长县改为炳辉县，以资永久纪念。

7 讲好长征故事

——专访开国上将杨得志之子杨建华少将

初心小记：不忘初心，牢记使命，这绝不是一句口号，而是我们党在数度生死关头，经受考验留下来的宝贵品格。杨建华一直在寻找那个能让自己诚服的答案。他想到父亲1928年入党时的誓词——“牺牲个人，永不叛党！”“他们是希望用自己的死换取红军的生啊！或者说，在长征路上，他们想到的不是自己的死，而是红军的生！他们心里明白，红军是给穷人打天下的，红军不能垮，红军垮了老百姓就没有翻身的指望了。‘牺牲个人，永不叛党’，强渡大渡河能够成功，长征能够胜利，就是有这种不怕牺牲的精神！”

江上清风、山间明月，这江是“乱石穿云、惊涛拍岸”的大渡河，这月是连夜细雨洗刷过的一勾下弦月。杨得志借着月光，勉强可以看出对岸隐约的峭壁千仞。

中央红军渡过金沙江后，红一方面军红一师红一团一路急行军，取道彝族区，巧妙地化解几世纪的民族仇恨，以天降神兵的速度直下川西南的安顺场。安顺场，太平天国翼王石达开的四万大军被剿灭的地方。蒋介石妄图重演历史，凭借大渡河天险南攻北

1939年3月，冀鲁豫支队在山东东明成立，杨得志（左三）任支队司令

堵，将中央红军围歼于大渡河畔。作为全军先遣团，红一团的担子，也许是长征以来最沉重的一次——强渡大渡河，为全军继续前行打开通道。

杨得志耳朵里全是这哗啦啦的流水声，“怎么过河啊，这又宽又凶的河！”——架桥不成，别说安桥桩，就连插根木头也困难。唯一的希望就是那只刚缴获的木船，“只能靠它强渡！但对面一个营的敌军据险防守，再加上水急浪大，怎样才能成功？”

1935年5月25日一早，火力配备好了，由营长孙继先率领17个英雄组成的渡河突击队，乘船渡河。他们的英勇，在那坚毅的表情上显露出来。他们的热血沸腾着，整个部队的热血也在沸腾着。河的对岸，一个营的敌军猛烈扫射，打得水花飞溅。船工和勇士们在波涛汹涌中力撑船篙，就这样，一团烽火过了江。高山的堡垒被18个勇士占领了，后续的部队一船一船

1964 年 6 月 15 日，济南军区司令员杨得志在靶场向毛泽东主席汇报国产半自动步枪性能

地过去，红一团的勇士们从死路中闯出一条活路来！

年仅 24 岁的杨得志作为红一团团长，全程指挥大渡河战斗。

争着跳上通往死亡的船

这场战斗已经过去 80 多年，但个中情节，杨建华都能讲得清清楚楚。

2016 年 5 月，正值花开簇拥的时节，笔者来到位于南京鼓楼区杨建华家中，对他进行了专访。“大渡河战斗是父亲给我讲的次数最多的一个故事：大渡河畔英雄多，我百听不厌。”大渡河水哗啦啦地流进了杨建华心中。

长大后，崇拜父亲、崇拜英雄的杨建华成为一名军人。大渡河水依然在耳畔回响，但他心中除了那传奇般的战斗过程，还多了一个沉思：“我也是军人，18个人、一条船、对岸是敌人一个营并且预先占领防御阵地，如果今天再来一次，我还能不能强渡成功？”2012年9月，当时已担任南京军区联勤部部长的杨建华利用参加会议的机会，赶到四川石棉县安顺场，找到当年红一团18勇士上船的出发点。站在大渡河边，看到汹涌的河水卷着大如锅口的漩涡，杨建华很难给心里那个问号一个肯定的答案。“红军是在极度疲劳、缺乏营养，甚至前一天还急行军140华里的情况下组织的渡河作战的，要说体质我们比当年红军好太多了，但为什么今天条件更好反而过不去呢？”

“父亲讲过，当时这18勇士是从全连100多位争前恐后报名的勇士中产生的，无论干部战士都清楚登船后面临的处境，可以说，那是一条通向死亡的船，但是大家还要争着去，尤其是最后加入突击队的一位小战士，他是4个月前刚刚参军的17岁的农民孩子陈万清，哭着要参加突击队，这是为什么啊？”杨建华一直在寻找那个能让自己诚服的答案。他想到父亲1928年入党时的誓词——“牺牲个人，永不叛党！”“他们是希望用自己的死换取红军的生啊！或者说，在长征路上，他们想到的不是自己的死，而是红军的生！他们心里明白，红军是给穷人打天下的，红军不能垮，红军垮了老百姓就没有翻身的指望了。‘牺牲个人，永不叛党’，强渡大渡河能够成功，长征

在安顺场陈列着的当年渡河的船

能够胜利，就是有这种不怕牺牲的精神!”

“不忘初心，牢记使命，这绝不是一句口号，而是我们党在数度生死关头，经受考验留下来的宝贵品格”，坐在笔者对面，杨建华的语调斩钉截铁。“我们不能忘记长征中的牺牲精神，不能忘记父辈的初心，实现民族复兴的中国梦，我们需要传承初心。”

1974 年春节杨得志全家于武汉

我们是红一团的后代

杨得志一生育有6个子女，杨建华是家中唯一男孩，排行第五，在父亲身边生活时间最长。父亲是杨建华心中的偶像。“父亲从班长、排长、连长、营长、团长、师长、纵队司令、志愿军司令、军区司令、总参谋长，一级不落地成长起来，他一生没有离开过部队，尤其是野战部队。”

杨得志在我军历史上是一位传奇性的人物，他从一名普通红军战士，成长为中国人民解放军总参谋长，年近70岁的时候，还在对越自卫反击战的战场上指挥作战，可以说是历经第二、三次国内革命战争各阶段、面对面与美军等16国军队交过手的一员老将。杨建华用“三个不计其数”概括父亲一生经历的事实——“打过多少次仗不计其数，身上受过多少伤不计其数，辗转作战过的地方不计其数”。

“父亲对红一团的感情最深，这是一支英勇顽强、不怕牺牲的部队。”红一方面军红一师红一团是红军历史最悠久的部队之一，杨得志担任团长后，率部在第五次反“围剿”中打过多次硬仗，常常是以少胜多顶住敌人的攻势。“一”有开头的意思，长征以后，红一团始终担任先遣团，是红军锻出的一把尖刀，为主力红军撕开前进的道路。“作为先遣部队，打恶仗的机会就更多一些，面对的牺牲也多一些，但红一团的战士们从来没有被牺牲吓倒。”杨建华对这支英雄部队又崇敬又亲近，“毕竟是父亲当年在红军最艰苦

杨建华肖像

时期指挥和战斗过的部队”。

杨建华更为自豪的是，他也有幸与这支部队一起为香港回归做贡献。香港回归前，中央军委决定从全军抽调历史久、荣誉多的英雄部队，作为中国人民解放军的代表在香港回归后驻守香港。前身为红一团的第42集团军某团，因耀眼的光荣历史，被军委确定为驻香港部队步兵旅。杨建华参与了组建驻香港部队和保证部队顺利进驻香港工作的全过程。

跟父亲当年在红一团一样，杨建华做的也是“打前站”的工作。因前期有大量的沟通协调工作，杨建华要在北京和香港两头飞，遇到紧急的情况，他一天就要飞个来回。那段时间，杨建华日常起居完全没有规律，尤其是香港回归在即的日子，他根本无暇休息，但他仍然不断给自己加工作、加担子。“‘一’就是身先士卒，组织信任我，把这么重要的工作交给我，就不能辱没使命。况且，父亲是这个团的老领导，如果我不能完成好工作，就是给他抹黑，就是给红一团抹黑！”

1994年杨得志病危之时，专门嘱托杨建华把当年他指挥强渡大渡河战斗时随身佩带的手枪送回部队，激励青年战士“红军精神代代相传”。杨得志对这支部队情感至深，一直关心老部队建设，早在1986年就为部队题词，“大渡河水源远流长，红军精神代代相传”，勉励大家继承大渡河勇士不怕牺牲的精神。如今杨得志将军的手枪和题词，都陈列在驻香港部队步兵旅的军史馆中。在香港工作期间，杨建华经常去瞻仰，“红一团在我心中有一种神圣感，我时刻感觉自己就是红一团的后人”。杨建华每次到驻港部队，都感觉像回家一样。

从1963年到1972年，杨得志的子女们陆续参军，全家都是军人。改革开放不久，社会兴起一股“下海”潮，不少人脱掉军装去经商。“父亲把我们几个子女召集到一起，他讲：‘我们国家这么大，总要有人保卫国家。你们既然已经都参了军，就不要再想经商了’。”执行父亲的这个“命令”，对杨家的子女来说没有困难，但后来遇到“脱军装”才是最大的考验。1985年裁军百万，杨建华的三姐杨秋华在总参管理局招待处工作，这个单位属于集体转业的范围，而此时担任解放军总参谋长的杨得志正主持全军精简整编工作。“我姐姐心里很矛盾：从她内心讲，对这身军装的感情割舍不下，又是全家第一个脱军装的人。但如果不走，别人会怎么说？整编到自己女儿头上就不脱军装，影响会很不好。最后姐姐还是离开部队。后来我姐姐说，‘当年18勇士面对滔滔大渡河水，红军命运与个人生命，二者选其一，只能以大局为重。谁叫咱是红一团的后人呢！’”

父亲的“三件宝”

2013 年 7 月，杨建华从工作岗位退休。退休后，他反倒更忙。杨建华退休后做了两件事：一件是老红军的事。他把父母留下的历史资料和战争年代的文物，分类进行考据查证，整理清楚后，捐给国家或军队的档案馆、博物馆，让更多人知道父辈们的事情；另一件是小红军的事。杨建华参加了全国红军小学建设工程理事会的工作，为革命老区建设红军小学，让老区人民感受到党和国家没有忘记他们为共和国作出的历史贡献。杨建华经常去红军小学给孩子们进行革命传统教育，“红色基因要通过他们传下去”，但杨建华不讲大道理，就是讲故事，他认为人们喜爱《西游记》这样的故事，除了故事本身有吸引力，还有一个原因就是讲得多、传播得广。“红军长征故事的精彩程度不逊于《西游记》，为什么人们知道得少，我想

杨得志将军给孙女们讲“三件宝”的故事

就是讲得少了。”现在，杨建华日夜所思就是怎样把长征故事讲多、讲好。

杨得志将军“三件宝”之一——红星奖章

2016 年 3 月 12 日，杨建华来北京参加全国“两会”。休会期间，他把一瓶保存完好的云南白药捐给国家博物馆。这瓶云南白药是父亲长征四渡赤水后攻打云南崇明县时缴获的，当时，全团指战员人手一瓶，但杨得志一直没用。这瓶云南白药，连同一把勃朗宁手枪（包括子弹）和一枚由中央革命军事委员会第一次颁发的三级红星奖章，并称“杨得志将军三件宝”。前两件“宝”，已在 2009 年新中国成立 60 周年时捐献给了中国国家博物馆。

杨得志将军“三件宝”之二——勃朗宁手枪；杨得志将军“三件宝”之三——云南白药

“三件宝”的名称是杨建华取的。“父亲生前，这三件东西始终带在身边，用这三件东西给我们进行革命传统教育，末了父亲总有那么两句话：‘革命胜利

2015 年 3 月 29 日，担任全国红军小学建设工程理事会副理事长的杨建华为遵义市娄山关红军小学授旗

了，但胜利来之不易。我们的军队壮大了，但牺牲的人远远超过活下来的人。’我们长大后，父亲又把‘三件宝’的故事讲给孙儿们听，我们家每个人都知道父亲保密柜里锁着这‘三件宝’。”杨建华说，“在红军长征胜利 80 周年的时候，我们全家开了会决定将这第三件宝也捐出来。‘三件宝’陪伴我们成长，大家都舍不得，但捐出来让更多人看到，这样更有意义。”

如今，这“三件宝”静躺在国家博物馆的玻璃展柜里，络绎不绝的游人在讲解员的讲解下凑近观看，一段长征的传奇故事伴随着“三件宝”的记忆而留在人们心中。

◎ 人物小传

杨得志（1911—1994 年），1911 年 1 月生，湖南

省醴陵县南阳桥（今属株洲县）人。1928 年 1 月参加湘南起义和中国工农革命军，4 月上井冈山，10 月加入中国共产党。后随部转战赣南闽西，参加创建中央苏区斗争和历次反“围剿”；在中央红军的长征中率“红一团”担负先遣任务，1936 年任师长。

抗日战争爆发后，任八路军 115 师 343 旅 685 团团长，所部为平型关战斗两个主攻团之一；1938 年任 344 旅副旅长、代旅长；1939 年任冀鲁豫支队支队长；1940 年任八路军第二纵队司令员、冀鲁豫军区司令员，参加建立、发展和巩固冀鲁豫抗日根据地；1944 年 4 月任陕甘宁晋绥联防军教导第一旅旅长。

抗日战争胜利后，历任晋冀鲁豫军区第一纵队司令员，晋察冀军区第二纵队司令员，晋察冀野战军司令员，华北军区第二兵团（即“杨罗耿兵团”）司令员，第十九兵团司令员、党委书记。

中华人民共和国成立后，任第十九兵团司令员兼陕西省军区司令员、中共中央西北局委员、西北军政委员会委员。1955 年被授予上将军衔。1994 年 10 月 25 日在北京病逝。

8 “我是红三十四师的儿子”

——专访韩伟将军独子韩京京

初心小记：查找烈士姓名，是件耗费大量精力，但韩京京一直乐此不疲，他深情地向笔者阐发了这样一个道理：“凡是对这个国家作出过牺牲的人，哪怕过去了70年，甚至100年，哪怕你只是一个小山村的贫农之子，也一样将被历史记住！一个尊重英雄、牢记历史的民族，必是伟大的民族！”

水碧江寒向北流。溯八十余年的时光逆流而上，那场战役缓缓铺开呈现在眼前：1934年11月，中央红军一路疾行抵达湘桂交界，连续突破敌人三道封锁线后，在湘江边遇到长征以来最残酷的一场战斗。蒋介石决心将红军围歼于湘江以东，派几十万大军围追堵截，自己则在南昌行营亲自督战，“党国命运，在此一役”。湘江边，注定发生一场惨烈血战。

萧瑟之风湘江来。在广西兴安县界首镇（历史上曾属全州），一座明清建筑“三官堂”独立在湘江西岸，当年朱德总司令和彭德怀军团长指挥作战的临时指挥所就设在这里，抚摸被炸弹震得剥落的墙壁，尘封于江底的喊杀声泛出水面。当年，中央红军掩护的党中央和中革军委就是在这里渡的江。为了保证中央

韩京京展示他所查找到的闽西红军名单

纵队和军委纵队能安全通过湘江，红一军团在脚山铺一带阻击阵地伤亡了3000多人，红三军团第四师在光华铺阻击阵地上伤亡了1000多人，第五师在新圩阻击阵地伤亡了2000多人。敌机在天上疯狂盘旋扫射。在广西全州县一个叫岳王塘的江水转弯处，由于江水渐缓，从上游漂浮下来的红军尸体聚集在这里，江水看上去灰蒙蒙一片。一个湘江战役，损失3万人，中央红军从长征出发时的8.6万人减少到3万余

湘江战役临时指挥所旧址

人。湘江战役，注定永留史册。

碧透湘江披热血。最为悲壮、可歌可泣的是红五军团三十四师。红五军团是全军的后卫，而红三十四师是后卫的后卫，是总后卫。承担中央纵队的殿后任务，在敌军的包围圈越缩越紧、跨越湘江之路随时可能被切断的危情时刻，他们只能在全军过江之后再过江，面临的处境凶险至极。红三十四师是全军著名的“铁流后卫”，由来自宁（化）、清（流）、（长）汀、连（城）、（上）杭、永（定）、（龙）岩、武（平）的闽西子弟兵组成。主力红军西渡湘江以后，敌军如飞蝗扑来，切断了三十四师到江边的通道，三十四师血战数日，与敌人拼尽弹药。最后，除了红三十四师代理参谋长王道光按中革军委命令带领 200 余人突出重围返回湖南，一〇〇团团长韩伟率 10 余人跳崖幸存外，六千闽西将士几乎全部阵亡，鲜血染红江面。至今，当地还有“三年不饮湘江水，十年不食湘江鱼”的说法。

湘江鸣咽悼英雄。红三十四师以全师覆亡的牺牲，换取了主力红军的西进，那六千个年轻的生命，从此长眠于异乡。湘江战役粉碎了蒋介石“围歼红军于湘江以东”的设想，革命星火重燃于未熄。

到父亲跳崖处

已过花甲之年的韩京京是韩伟将军的独子，面向湘江，深鞠三躬，泪眼婆娑。这段悲壮的历史，让人每忆一次，心碎一次。韩京京曾在原总参军务部、总参装备部，中国驻苏联大使馆任职，现已退休。这位根系南国、生就北方的红军后代，性格豪爽，对党史、军史熟稔，说起父亲、说起三十四师、说起红军长征，似有说不完的话，甚至几度哽咽、几度洒泪，款款之情溢于言表。

“父亲对自己一生的评价就是‘幸存者’。”韩京京把思绪又一次拉回硝烟弥漫的战场，“父亲率部队完成掩护主力突围任务后，被敌军切断渡江的通路，只能且战且退，当退到宝界岭，海洋山山顶无路时，他和 5 名战友舍生取义，纵身跳向身后的悬崖。”

万幸的是，韩伟和其他两名战友挂在树丛上，没有死，被上山采药的土郎中救护，在老百姓家的红薯窖里藏了 7 天。数十年后，韩京京带家人重走父辈长征路时，专门寻访父亲跳崖的地方，并在宝界岭山麓找到了当年救起他父亲的土郎中后代，那口红薯窖也还在。当地老百姓还记得当时跳崖下来的红军团长，“他们三个你扶着我、我扶着你，颤颤巍巍地走着”。

躲过国民党搜山后，韩伟和一个营政委脱下军装，把军装连同两个皮包，两条驳壳枪，两发子弹——那是留给自己的，还有几十块银圆都留在老百姓家，一人一条扁担，背上老百姓炒的几斤糯米，扮成挑夫模样，分头去找红军去了。此时，已渡过湘江的中央红军开始向西跋涉，而韩伟一个人的“长征”更为艰辛和曲折。一路上，他受过伤，坐过国民党的牢，在诸多生死考验面前，他没有放弃对红军的追随。直至抗日战争全面爆发，经党组织营救出狱，韩伟才重回战场，领导了敌后抗日游击战，历任晋察冀军区第四团团长、警备旅副旅长、冀中军区第九分

开国中将韩伟

区司令员等职；在解放战争时期，率部参加华北解放战争等多次重要战役，历任热河纵队司令员、第六十七军军长等职；新中国成立后，任军委师范学校校长、华北军区副参谋长、北京军区副司令员兼参谋长等职。这位从1922年参加安源大罢工开始，在中国革命战争各个阶段都留下戎马英名的老将军，身经百战，胸前挂满勋章，但最为惦记、无法忘怀的还是湘江边上的那场战役。

韩京京告诉笔者，从他出生，从未听父亲提过湘江战役，直到1986年韩伟将军80岁时，中国人民解放军要编写《红军长征回忆史料》找到韩伟将军，让他回忆红三十四师浴血奋战这段历史，韩京京才从父亲那里听到这惊天动地的鏖战。尘封了将近半个世纪的历史再重新打开是非常痛苦的，“老人家接到任务后，眼神中透着悲痛和哀伤。显然，父亲是把这段历史完好地保存在内心深处，每一个细节他都记得很清楚”。在韩伟将军一气呵成写就的回忆录中这样记叙道：“弹药打光了，红军指战员就用刺刀、枪托与冲上来的敌人拼杀，直杀得敌人尸横遍野。我团一营有位福建籍连长，在战斗中身负重伤，肠子被敌人炮弹炸出来了，仍带领全连战斗。阵地上空铁火横飞，山上的松树烧得只剩下枝干，但同志们仍英勇坚守阵地，顽强战斗。”韩伟将军在生命走向终点时，仍挂念在湘江岸边牺牲的战友，要求将自己骨灰安放在闽西革命烈士陵园中，回到6000名闽西子弟的故乡，告慰他们的父老、他们的乡亲。

立下无字碑

1992年，韩伟将军去世，韩京京遵照父亲遗愿将他的骨灰送回到福建龙岩，这里是他带领几千闽西子弟走上长征的起点。直至今天，韩京京还记得骨灰安放当天的情景——在闽西的4月细雨中，上百位老红军、老干部和红军后代聚集在骨灰堂外的台阶上，迎接这位“扩红团长”。这位从鄂东走出的贫家子弟，走熟了闽西的山山水水，听懂了客家话的一字一句，闽西人民养育了他，他对闽西的感情是那么真挚。遗骨放在闽西的大山，那片他怀念的地方。

送走父亲后，韩京京的心也留在了闽西，这片走出十万红军但“十之九九”都为新中国捐躯的热土。

2009年，湘江战役过去75周年的日子，经过数年的苦苦找寻，韩京京在湘江畔为红34师牺牲的6000位将士立了一块无字碑。基座上刻下了这样一行字：“你们的姓名无人知晓，你们的功勋永世长存——为掩护党中央、中革军委和主力红军在湘江战役中牺牲的红三十四师六千闽西红军将士永垂不朽。”——那是因为，他实在找不全红军将士的英名，实在找不出壮丽词句献给红军将士的英灵。

随后，韩京京又会同龙岩、三明市政府开始了一项漫长的工程：用多年时间查访闽西每一处村落，查找出 1000 多名在湘江战役中牺牲的红军战士的名字，刻在花岗岩石板上，同无字碑一起立在湘江之滨。这些名字一一看去：赖老石头、马二二、陈三哩子、吕太阳妹、李矮六、戴七子、李四古佬（古佬，闽西方言，小伙子的意思），这些名字，在今天看来多半都不能算作名字，连小名都不够。由此却可大致猜出他们家里的情况，“李矮六”，可能是一个矮个子的李姓人家的第六个孩子；“马二二”，马家的老二；“李四古佬”，是李家的第四个男孩……他们的父母，连给他们取名的能力都没有。这些出身贫寒的、卑微的生命，有着和我们一样的身躯，一样的热血，一样地惧怕伤痛和死亡，但在那个特殊的年代里，他们俯下身去，将自己的身躯碾碎为滚滚历史车轮下的尘土。“习近平主席曾指出，革命军人要有血性。什么是血性？宁死不屈，这就是血性”，韩京京对笔者说。查找烈士姓名，是件耗费大量精力的事，但韩京京一

新修成的湘江战役纪念馆

直乐此不疲，他深情地向笔者阐发了这样一个道理：“凡是对这个国家作出过牺牲的人，哪怕过去了 70 年，甚至 100 年，哪怕你只是一个小山村的贫农之子，也一样将被历史记住！一个尊重英雄、牢记历史的民族，必是伟大的民族！”

为师长塑像

湖南省道县潇水河畔，有一座百姓熟知的“无头英雄墓”，这位无头英雄就是红 34 师师长陈树湘。

陈树湘年长韩伟一岁，在那个血与火的年代里，他们协同作战，相互配合，相互支援，在湘江战役中他们生死与共，在共同完成了掩护党中央、中革军委和主力红军抢渡湘江的任务后，他们又把生的希望留给战友，把死的威胁留给自己。在红三十四师冲出敌人合围向湖南转移的危机关头，陈树湘命令韩伟率师主力继续突围，自己率一〇一团余部百余名战士做最后的掩护。可是，韩伟第一次违抗了师长的军令：“你是师长，只要你在，这个师就在。我带一〇〇团做最后的掩护，你带师主力（其实仅余不足 300 人）突围。”两位从秋收起义就在一起的战友就这样诀别了。

陈树湘在部队返回湘南的突围作战中腹部受伤，落入敌手。为了邀赏，敌人用担架抬着他欲送往省城。1934 年 12 月 18 日晚上，他们走到湖南道县驷马桥，夜宿祠堂。第二天清晨，敌人发现陈树湘已经死亡。原来陈师长为了不让敌人的如意算盘得逞，趁

位于湘江河畔的陈树湘塑像

敌不备时用手从腹部伤口处绞断肠子壮烈牺牲，时年29岁。敌人不甘心，又残忍地砍下了他的头，先在道县城门上示众，而后又送往长沙。他怒瞪双眼的头颅被悬于长沙城小吴门外，俯视着清水塘。在那里，他在毛泽东的教诲下加入了中国社会主义青年团，加入了中国共产党；在那里，他为“苏维埃新中国流尽了最后一滴血”。

“79年后的端午节，我终于找到了陈树湘师长失去了头颅的遗骸。他被当地百姓趁黑夜埋在了潇水堤坡的斜面上。我们肃立在他的墓前，泪水止不住淌了下来……我们摆上两盆鲜花、从北京带来的二锅头、从闽西带来的点心，薇薇（注：指韩京京爱人张薇薇，闽西老红军的后代）的一声‘大爹爹，我们来看你了！’叫人撕心裂肺。”

讲到这里，韩京京已泣不成声：“陈师长没有后人，连外甥、侄子等也没有。更让人心酸的是，他留下的唯一一张像是根据我父亲口述的一张画……”流转的时光，照一脸苍凉，一条河流的悲伤，在红军后人的脸上，淋漓尽致地倾泻。

2014年，陈树湘牺牲80周年的纪念日时，韩京请著名军旅雕塑家刘林大师为他塑了像。三尊标准像，一尊被他的故乡长沙博物馆收藏，回到了他童年和青少年时代生活、战斗的地方；另一尊我赠给了他20世纪30年代带过的红四军特务大队——如今的某部红三连，这个英雄连队曾走出了罗荣桓、曾士峨、张宗逊、谭希林等一批将帅。连队的官兵们把他当成了自己的亲人，新兵入伍都会在他的像前宣誓！“还有一尊安放在我们家中，与我父亲的像肩并肩，就像他们当年一起战斗的岁月那样。”如今，根据铜像复制的陈树湘雕塑石像安放在潇水河畔。这张年轻勇毅的脸庞，面朝潇水，河水流淌唱着岁月的华声，为河畔的英雄讲述国家的发展。英雄当年孜孜不倦的追求，现在已成为现实。英雄的脸庞挂上了笑容。

韩京京与爱人张薇薇在陈树湘塑像前

20多年来，韩京京追随父辈的思绪和脚步，从闽西到桂北一路寻访，一路整理，梳理着红军长征的真实历史，尤其注重实物的发掘和考证，现在他已自修成中央红军历史专家，大到军团、小到营、连，在长征突破四道封锁线的行军路线上，他如数家珍。每到一处红军作战的遗迹，他都要在战壕里蹲守一阵子、在战场上守望一阵子，感受红军作战的艰苦。他曾在湘江战役的阻击阵地上发现两枚没有爆破的手榴弹，一枚收藏在他的家中，一枚他送给了中国革命军事博物馆保存。后来，中央军委原副主席张震老将军到“军博”参观时，看到这枚手榴弹，难掩激动，告诉一旁的其他三位军委副主席和讲解员，他当年就是用这种手榴弹在湘江边与敌军打仗，这种笨重的手榴弹要使出很大力气才能扔出去。

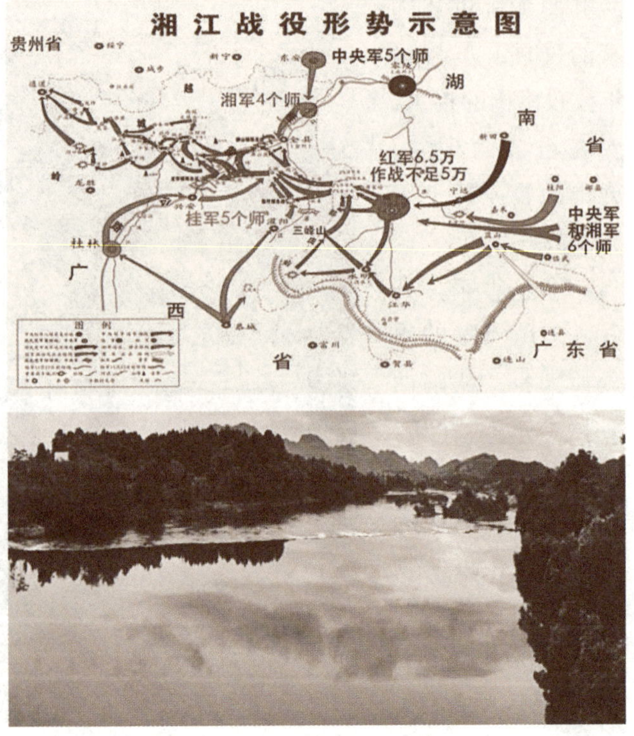

湘江战役发生地

20 多年来，韩京京将自己和爱人的绝大多数收入都投到重走父辈长征路上的事业上，他们照顾在世的老红军，先后为红三十四师 6000 位子弟立了碑，为陈树湘烈士塑了像。“陈树湘大爹爹英灵九泉之下应安息了吧，6000 位没有子嗣的红军将士应安息了吧，我想我就是你们的儿子、你们的后代，我还要把你们的信仰，把你们‘为苏维埃流尽最后一滴血’的精神传给下一代！”

◎ 人物小传

韩伟（1906—1992 年），湖北省黄陂县（今武汉市黄陂区）人。1922 年参加安源路矿工人大罢工。1924 年加入中国社会主义青年团，1926 年转入中国共产党。曾在国民革命军叶挺独立团任战士。参加了北伐战争和湘赣边界秋收起义。土地革命战争时期，任工农革命军第一师一团排长、副连长，中国工农红军第四军三纵队教导大队中队长，第二纵队四支队十一大队大队长，红二十一军第二纵队五支队支队长，福建省军区独立第一团团长，独立第八师师长，军区参谋长，红三十四师第一〇〇团团长。参加了长征。抗日战争时期，任晋察冀军区军政干部学校军事教育主任，第二军分区四团团长，冀中军区警备旅副旅长，第九军分区司令员，雁北支队司令员。解放战争时期，任热河军区司令员，晋察冀野战军第二纵队副司令员兼参谋长，第二十兵团六十七军军长。中华人民共和国成立后，任中国人民解放军军事师范学校校长，华北军区副参谋长，北京军区副司令员兼参谋长，北京军区副司令员。1955 年被授予中将军衔。是中国人民政治协商会议第三、四、五届全国委员会委员，中国共产党第七次全国代表大会代表。

9 一截羊肠子留肚中

——专访飞夺泸定桥22位勇士之一刘金山女儿刘苏芳

初心小记： 父亲是严格，不讲情面的，而这种严格对向他自己，则到了近乎严苛的程度。刘苏芳回忆，在父亲去世时，身上竟找不到一套完好的衬衣衬裤，政委只好买一套士兵衬衣衬裤给父亲换上。父亲眼睛瞎了看不见但他会把碗里的饭一粒不剩全扒到嘴里。1999年9月3日，刘金山生前吃的最后一顿饭是刘苏芳做的，“那天中午我的面条，我把身上的吊瓶拔了，扶他起来走了几步，走不动了我就把面条端到他手上，父亲吃完面，把碗也舔干净。父母亲自己苛刻节俭一辈子，他们没有给我留下钱、财产，留下的是精神上的财富，这种财富要代代相传”。

2016年七一前夕，大渡河畔歌潮涌动，在四川省甘孜州泸定县飞夺泸定桥纪念碑广场上，身着盛装的人们载歌载舞，纪念中国工农红军长征胜利80周年。二郎山巍峨耸立，嘹亮的歌声在青山中回荡。修葺一新的飞夺泸定桥纪念馆内，机枪的突突声、炮弹的爆破声、冲锋的号角声，混合成“交响乐”，游客驻足在4D电影屏幕前，声光电等多媒体正在还原那

刘苏芳在泸定桥旁，在纪念馆内为游客讲解飞夺泸定桥的历史

场惊心动魄的战役：13 根铁索链光溜溜地荡在奔腾咆哮的大渡河上，铁索链被敌军射出的火力烧得彤红，22 位勇士组成的敢死队，向 13 根铁索链发起了生死挑战。13 根铁索链决定了红军的命运。他们紧紧攀

刘金山肖像

爬在索链，目光如炬，射向对岸：游客敛气屏息注视着索链上的22位勇士，突然，“啊!”的一声打破沉静，4名战士从索链上掉了下来，把大渡河砸出大朵大朵的水花，人们发出惊叹声!

刘苏芳也在参观的人群中，她指着画面中领头前进的那位勇士，“这是我的父亲刘金山!”人们把目光转到刘苏芳身上，随即是一片雷动的掌声，“向英雄的女儿致敬!”

红一师红四团是钢铁浇筑的敢死团，在长征中常受命担任前锋打突击战，从红一师红四团里选拔出来的22位勇士在火墙密布下与把守桥头的敌军火拼，以少胜多夺下了桥头，中央红军主力得以从泸定桥上越过天险，粉碎了蒋介石歼灭红军于大渡河以南的企图。

军委在泸定桥头召开庆功大会，奖给红一师红四团锦旗，还为幸存下来的18位勇士和牺牲的4位烈士发了奖，奖品是标有“中革军委奖”的列宁服、一支钢笔和一个笔记本。

刘金山是夺桥的22位勇士之一，他把那支钢笔视为珍宝，一生带在身边，弥留之际才把它交到刘苏芳手里。如今，在红军飞夺泸定桥纪念碑公墓前，笔直大道两旁矗立着22根花岗岩石柱，分别代表着22位夺桥勇士。2016年7月，笔者专程赶到泸定，采访来这里参加纪念活动的刘苏芳。见到刘苏芳时，她正在纪念馆里当志愿讲解，有时她还会到泸定桥上为游客讲解战斗故事。

大渡河水奔涌不息，浪花翻滚掀起激流，作出吞噬、席卷之态，河上的锁链桥连接两岸，恰似一条生

刘苏芳保存着的父亲肖像和纪念勋章及荣誉证书

命线。如今站在锁链桥上，摇摇荡荡，依然能感受当年那命悬一线的紧张。

回想第一次站在桥上的情形，刘苏芳面露恐惧感，虽然泸定桥已旧貌新颜，铁索上加上了结实的桥板但 100 多米长、3 米宽的桥悬在 10 多米的高空，下面又是湍急的河水，站上去腿在发抖“不敢往下看，桥一晃就眩晕，可想而知，父亲他们在光溜溜的铁索链上打仗是多么不容易！”

刘苏芳把泸定当成第二故乡，把 22 位勇士当成

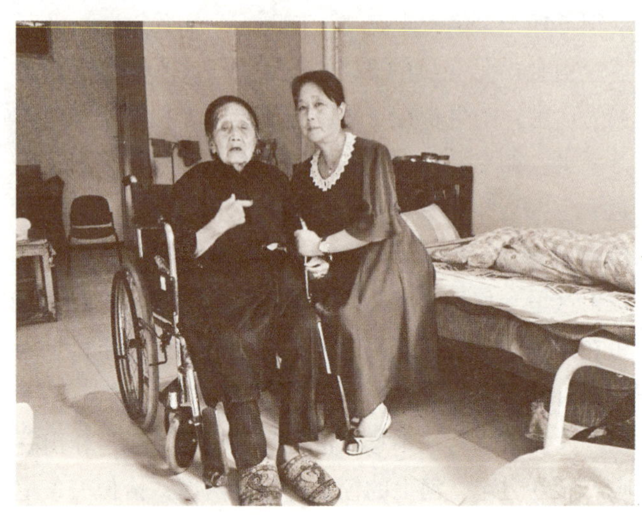

刘苏芳去看望泸定阿婆

亲人，虽然从她的居住地苏州到泸定县要坐上十几个小时的长途汽车，但只要一有机会，她就会到泸定。她想念泸定的孩子，孩子是未来，她去泸定中学给学生讲革命传统，嘱咐孩子们要把永不褪色的红军精神传承下去；她想念泸定的老人，老人是历史的见证，她去看望当年把自家门板卸下来帮助红军铺桥的阿婆，把糖塞进阿婆嘴里，跟阿婆说：现在的生活就像糖一样的甜。

忙碌着的刘苏芳总是快乐的，但一闲下来，尤其是回到自己家里——那个她陪伴父母度过晚年的家，她内心深处留下的伤疤就会隐隐作痛，那是一个女儿对父亲的愧疚——“父亲是沉默的，严肃的，很难跟他亲近，父亲在世时，我也没给他足够的关心和照顾”。

白求恩用羊肠子救了父亲的命

刘苏芳告诉笔者，在家中，父亲从不提他当年打仗的事，母亲也不讲，子女们只知道父亲走过长征路，上过抗日前线，却不清楚父亲在战场上的经历。

“我们都怕父亲，不敢跟他交流，也不知道他打仗的事，他不仅不对我们讲，也不对外人讲。有一次，中央军委派人来写父亲的传记，父亲很不配合，摆摆手说，‘战斗不是我一个人打的，要写就写那些牺牲的战士。’场面很是尴尬。唯一的传奇故事就是父亲肚子里有一截羊肠子。因为干休所的老人都知道，就传开了。”

1956 年，刘金山、栾旭光夫妇怀抱不满一岁的刘苏芳合影；1960 年刘金山夫妇“全家福”

1938 年，日军进犯五台山，时任营长的刘金山率领一个连队包抄日军，在战斗中，刘金山与敌人拼起了刺刀，他的肚子被敌人的刺刀划破，肠子流了出来，他拖着肠子继续指挥战斗，还打死了两个鬼子，从此得了一个“刘大胆”的外号。战斗结束后，他被送到五台山养伤。由于部队医疗条件差，肠子被打断后，无法接上，伤口化脓，高烧不退，刘金山生命垂危。白求恩知道刘金山的事迹后，坚持要给他动手术，此时的白求恩身体也很虚弱，他在战士们的搀扶下给刘金山动手术。白求恩让红军买了一只羊，取了羊的一段肠子，接到刘金山的肠子上。经过治疗，刘金山复苏，这条命在战斗中发挥了重要的作用，他带领部队担任黄土岭战斗的主力，击毙了侵华日军的名将之花——阿部规秀中将。这段细细的羊肠就一直在刘金山肚子里，跟着他披荆斩棘，转战南北。

刘苏芳告诉笔者，“因为羊肠要比人的肠细很多，所以父亲一生不能吃油，而且经常腹痛，到晚年时，他疼起来会满头大汗，一到这时，他就一个人到太阳底下晒肚皮，用父亲的话说叫以毒攻毒。”刘苏芳小时候常会看到三伏天，父亲用毛巾蒙着脸在太阳底下晒肚皮。

在子女心中，父亲是个沉默、严厉的人，孩子们都躲着他，但工作学习上的事必须要跟他交流。“父亲立下规矩，要定时向他汇报工作情况。”刘苏芳1956年出生，在家中五个兄弟姐妹中排行第四。家里大姐刘东江1950年出生在东北，在原福州军区空军部队当兵，后到福州空军医院当医生；二哥刘东生1952年出生在山东，在四川十四航校当过飞行员，后转业到东方航空公司，执飞40多年，没有出现一起飞行事故，在国内是数得着的执飞时间长没有安全事故的金牌飞行员。这或许是与父亲的严格要求有关。刘苏芳回忆到，小时候，她目睹哥哥因不认真读书而被父亲拎起来丢到窗外的情景。子女都很怕父亲，不敢不听他的话。“父亲总是指着他俩说，你是当医生的，不准给病人开错药；你是开飞机的，不准开小差把飞机开到地上！”

刘苏芳第一次到泸定桥的留影

刘苏芳大专毕业后到苏州手表厂工作，有一次，刘苏芳

身体不舒服，从单位请假提前回来，被父亲撞见了，又被赶回去上班。“在父亲心中，学习和工作是最神圣的事。这或许是因为父亲太想学习而不能学习、太想工作而不能工作的原因。父亲自幼成孤，革命时期打仗没有机会学文化，身边要配文化员给他读作战电文，一生都献给了战场。”1955 年，刘金山被授予大校军衔，领导考虑到他战争时留下的伤病太多，没有给安排工作，而是让刘金山到苏州干休所修养。“父亲那时 50 多岁，从工作岗位退休下来很不情愿的，他觉得自己年富力强，非常想继续工作。”刘苏芳现在手里还保存着父亲的一封亲笔信。这封信是刘金山写给南京军区的，在信中他写道，“我年龄大了，没有文化，伤也多。部队需要现代化军事，我要为党工作，我向组织申请：到工厂、矿山、农村继续为党工作”，但组织让他安心养病，没有答应他的请求。

铁索链上留下的烫伤

到晚年，刘金山双目失明，加上各种并发症，不得不接受家人的照顾。刘苏芳第一次搀扶父亲洗澡，就受到极大震撼，她发现父亲身上全是伤疤，数了数，光是被刀刺穿、被子弹打穿的大窟窿就有六处，小伤疤多到数不完。但有一处伤，让刘苏芳感到蹊跷，她发现父亲胳膊底下有一处长长的伤疤，弯弯曲曲拧在皮肤上，子弹应该打不到腋窝底下这个位置。她问父亲，父亲说是长征过四川时，爬锁链烫伤的，而此时不太了解父亲作战经历的刘苏芳也没往心里记。

1999年，90岁的刘金山去世，带着神秘而传奇的一生离开人世。送走父亲后，刘苏芳把所有的精力都投入到工作中，在父亲的影响下，刘苏芳也是一个工作狂。

20世纪90年代初，刘苏芳所在的苏州手表厂因经营压力倒闭。凭借之前边工边读打下的英语基础，刘苏芳应聘到当时苏州第一家涉外宾馆——虎丘大酒店，因出色的工作能力，升至经理助理。就在此时，人生的坎坷开始一道道摆在刘苏芳面前。1996年，酒店被私人承包，用人理念全变，40岁的刘苏芳再次面临失业。她四处奔波，最终应聘到一家外资企业上班，从事销售工作，“说尽千言万语、吃尽千辛万苦、走进千家万户”。凭借努力，刘苏芳得到回报，成为这家外资企业的西南大区经理。刘苏芳好不容易通过打拼立住脚跟，但母亲又生病卧床，需要人照顾。“我那时是极想工作的，但我哥姐的工作更重要，就只能牺牲我了。”刘苏芳辞去工作，在苏州专心照顾母亲。苦难总在磨炼她的意志。2012年，刘苏芳经历了一次严重的车祸，做了开颅手术，还没有痊愈，母亲就在她虚弱的怀中撒手人寰。接连的打击，让刘苏芳处于崩溃状态，茶饭不思。就在这时，泸定，这个英雄之城向她招手。

敢死队的“头狼”

2012年夏，泸定县原人大主任王永模向刘苏芳发出邀请，请她到泸定来看看。王永模，第一批支边

王永模（左）陪同刘苏芳接受电话采访

青年，20世纪50年代分到泸定后，就再也没有离开，把几十年光阴献给了泸定桥，退休后，他一直在寻找22位勇士后人，几近辗转才联系上刘苏芳。到了泸定桥，王永模给刘苏芳讲了她父亲的战斗故事，刘苏芳听得目瞪口呆，没想到父亲的一生与“苦难辉煌”融合在一起，出生入死，跌宕起伏难以言尽。2012年，刘苏芳第一次站在泸定桥上，想到当年洗澡时看到父亲胳膊底下那块烫伤的伤疤，就是在这个桥上烙下的，刘苏芳抑制不住地放声痛哭，为逝去的父亲而哭。脚下的大渡河放慢奔腾的脚步，给英雄的女儿唱起哗啦啦的歌；远处的高山拂去薄雾轻纱给英雄的女儿展开厚实的怀抱。从泸定桥回到家中，刘苏芳开始整理父亲的资料，她要找回“失散”的父亲。

“父亲出生在江西赣南，幼时父母双亡成为一名孤儿，小名‘牛伢子’，21岁参加游击队，一年后转为中国工农红军，湘江战役中，父亲所在的团人员伤亡惨重，团长杨金山重伤倒在他怀里，快闭眼时对父亲说，‘牛伢，你至今没有名字，今后就叫‘刘金山’吧，希望你能替我走完未走完的路……’遵照团长的遗嘱，父亲正式取名刘金山，被编入红一师红四团。

此后，他一直跟随红四团长征，四渡赤水、飞夺泸定桥，爬雪山、过草地，攻打腊子口都留下他的身影，从班长、排长、连长、营长，再到团长、师长，不管什么样的职务，他始终冲锋在前，担任着敢死队的‘头狼’，一次次负伤，一次次救治，身上的窟窿连着窟窿，伤疤挨着伤疤，是红军中一座摧不垮、打不烂的‘金山’。”

在刘苏芳心中，父亲是一位要强、原则性极强的人，“即便到晚年，他行动不方便也不让我们照顾，总是催促我们去干自己的事业，不要把时间浪费在他身上”。父亲是严格，不讲情面的，而这种严格对向他自己时，则到了近乎严苛的程度。刘苏芳回忆，在父亲去世时，身上竟找不到一套完好的衬衣衬裤，政

晚年的刘金山与夫人栾旭光合影（刘苏芳至今保留着父亲晚年穿过的打满补丁的军大衣）

委只好买一套士兵衬衣衬裤给父亲换上。父亲眼睛瞎了看不见但他会用手在碗里摸一遍，确保碗里没有一粒剩饭。1999 年 9 月 3 日，刘金山生前吃的最后一顿饭是刘苏芳做的，“那天中午我的面条，我把身上的吊瓶拔了，扶他起来走了几步，走不动了我就把面条端到他手上，父亲吃完面，像小孩子一样把碗也舔干净，他说好吃，我说晚上我再给你下面条，可是 5 点不到就离开我们了。”说到此，刘苏芳已泣不成声，“往事不堪回首，父母亲自己苛刻节俭一辈子，他们没有给我留下钱、财产，留下的是精神上的财富，这种财富要代代相传。”

如今，刘苏芳渐渐走出失意，父亲的精神洗涤了她的灵魂，她要坚强地生活，“父亲是勇士中的勇士，他的精神鼓励着我好好生活”。采访中，刘苏芳指着远处高高耸立的二郎山，“你知道吗，当年部队修川藏公路时，付出了很大的代价，平均每公里就倒下 7 个战士的身躯，这是一片洒满英雄热血的土地，有多少无名英雄没有走出这片大山，是他们成就了这高山的雄伟。”或许是因为父亲的名字里有山，也或许是她对这片大山有深厚的感情，刘苏芳说：我是大山的女儿！

◎ 附：目前找到的 12 位勇士

廖大珠　红一军团 2 师 4 团 1 营 2 连　连长、突击队长（1935 年陕北牺牲）

王海云　红一军团 2 师 4 团 1 营 2 连　政治指导

员（1935 年陕北牺牲）

李友林　红一军团 2 师 4 团 1 营 2 连　党支部书记（1997 年北京去世）

刘金山　红一军团 2 师 4 团 1 营 3 连　党支部书记、突击指导员（1999 年 9 月苏州去世）

刘梓华　红一军团 2 师 4 团 1 营 3 连　副班长（1951 年天津病逝）

赵长发　红一军团 2 师 4 团 1 营 2 连　特等机枪手（去世时间不详）

杨田铭　红一军团 2 师 4 团 1 营 2 连　共产党员、战士（1963 年上海去世）

云贵川　红一军团 2 师 4 团 1 营 2 连　战士（苗族，去世时间不详）

魏小三　红一军团 2 师 4 团 1 营 2 连　战士（夺桥牺牲）

刘大贵　红一军团 2 师 4 团 1 营 2 连　战士（夺桥牺牲）

王洪山　红一军团 2 师 4 团 1 营 2 连　战士（夺桥牺牲）

李富仁　红一军团 2 师 4 团 1 营 2 连　战士（夺桥牺牲）

◎ 人物小传

刘金山（1909—1999 年），1929 年春，参加农民赤卫队。11 月，参加中国工农红军。1932 年加入中国共产党。

第二次国内革命战争时，参加了中央苏区二、三、四、五次反“围剿”战斗。参加过攻打赣州、福建漳州、广东水口等战役，屡立战功。长征途中，曾任红四军十师三十五军三八团班长，红一军团一团二营排长、连长、连党支部书记。参加了突破乌江、抢夺金沙江、飞夺泸定桥、强渡大渡河、攻克腊子口等战斗。抗日战争时期，他任晋察冀三分区二团营长。1938 年，进入抗日军政大学学习，结业后，任晋察冀三支队支队长。参加了平型关战役、百团大战、反五一“大扫荡”，尤其在黄土岭战斗中，冲锋陷阵，在战斗中身负重伤。1942 年，他进入延安中央党校学习。尔后调任八路军东北辽南分区团长、司令员，参加了辽沈战役。后任中国人民解放军一六八师副师长，率军南下，参加平津战役。解放后，任山东省湖西、菏泽、济宁军分区司令员。1955 年授予大校军衔。1999 年因病与世长辞，享年 90 岁。

10 “伟大转折点”的最美讲解员

——专访遵义会议纪念馆首任馆长孔宪权烈士孙女孔晓

初心小记：10年的工作中让孔晓无法忘怀的是，2015年6月16日，习近平总书记来到遵义会议纪念馆参观。看到总书记，正在参观的群众纷纷围了上来。总书记同大家热情握手。临别时，总书记对讲解员说，你们讲解得很好。要给大家好好讲，告诉大家我们党是怎么走过来的。虽然没在现场为总书记讲解，但在随后的新闻中看到总书记的嘱托，孔晓还是振奋不已。那一天，她专程跑到位于红军山的爷爷墓前，把总书记的话念叨给爷爷听。在讲解员的岗位上，孔晓想一直干下去，把红军战士用血肉之躯换来的功勋向更多的人讲下去。

在遵义与桐梓两地交界处的川黔公路上，遥遥便可看到一座5米多高、10米多宽的金色浮雕屹立在山脚。近看浮雕，战旗猎猎、号角绵长，一群年轻的红军战士振臂向前、英勇无畏。抬头仰望，一条300多级的石阶小道直冲云霄。两边的崇山峻岭在轻云薄雾掩映下，显得格外雄壮。沿着小道拾级而上，不时可见三两游人结伴而行。娄山关，海拔1400余米，

孔晓（中）与父母在遵义会议纪念馆前合影

雄踞黔北咽喉要道，自古以来就是兵家必争之地。如今，娄山关作为军事要塞已经淡出人们视线，但作为红军革命史上的里程碑意义却被永久保留下来。上山的路愈行愈陡，这让一旁的游人不禁感慨，“当年红军用落后于敌人数倍的装备抢下如此险峻的关口，简直是奇迹!”山顶保存着当年红军战斗过的壕坑，这些长宽不过两米、深不足一米的战壕如今仍披着累累弹痕向游人诉说着当年战斗之惨烈：1935年2月，遵义会议结束后不久，蒋介石调集四十多万兵力，从四面八方扑向黔北。为摆脱敌人的围追堵截，红军二渡赤水、回师贵州。狭路相逢勇者胜。2月的一个凌晨，娄山关西风猛烈，由军团长彭德怀率领的红三军团正在向关口逼近，一场殊死战斗在此打响。经过两天两夜的激烈战斗，我军歼灭大部分敌人，黔军眼看增援无望，不得不留下漫山遍野的尸体和枪支弹药，匆匆逃窜。

娄山关战斗是中央红军长征以来打的一个大胜仗，改变了长征出发四个多月来被动挨打的局面，充

娄山关地貌图

分显示出遵义会议调整军事主要领导人后，红军在毛泽东思想指导下，发挥出的巨大威力。“雄关漫道真如铁，而今漫步从头越。从头越，苍山如海，残阳如血。”如今，毛泽东同志手书的《忆秦娥·娄山关》被镌刻在山壁间的一面碑石上，金光夺目，磅礴壮阔。站在山顶往下看，树木掩映间，一座座别致的旅馆鳞次栉比，农家乐已发展成为当地的支柱产业，每天，这里的老百姓迎来八方游客。举目远望，川黔公路四通八达，数十载风云变幻，革命老区发生天翻地覆的变化。

既烧脑又费腿

从娄山关沿川黔公路向南50公里，到达遵义市区，穿越闹市，走过红军街，踏上光滑的青石板，清幽处抬头仰望，映入眼帘的是黑底贴金的“遵义会议

孔晓工作照

会址”大木匾。这座西南小城因遵义会议彪炳史册，成为人们缅怀和纪念中国革命历史的红色圣地。如今，游人络绎不绝。

1983 年出生的孔晓，是这座纪念馆的资深讲解员，她每天都要向全国各地游客讲解遵义会议、娄山关战斗、四渡赤水的故事。从 2006 年到现在，十多年时间里，纪念馆的解说词她早就倒背如流、烂熟于心，但面对一批批不同的游客，面对他们的热情，孔晓总会调动自己的激情，把这段历史生动地讲给人们听。

在同事眼里，孔晓外貌出众，是个爱美的人。和同龄爱美女生一样，把手机装扮得亮晶晶的，经常在微信朋友圈发美食，又总是说要减肥。每次讲解孔晓都要画上精致的妆容。但又与爱美女生不同，孔晓不喜欢华丽时尚的背包，她习惯随手拎着一个纸袋子，里面装着一摞书和一个水杯。正月初九，笔者在遵义会议纪念馆见到孔晓时，她正身躯笔直，面带笑容地给游客讲解，“遵义会议后，中央红军在川黔滇万水千山间纵横驰骋，威逼贵阳，直插云南，巧渡金沙江，飞越大渡河，爬雪山，过草地……冲过一道又一道险关，取得一个又一个胜利。”孔晓挥舞着手中的小木棒，连同她飞扬的语调，让听者为红军的节节胜利而感喜悦和鼓舞。一位远道而来的母亲，带着她 3 岁的女儿在一旁听得津津有味。

遵义是红军大转折之地。在新建成的遵义会议陈列馆一面墙上，镌刻着毛泽东同志题写的“伟大的转折”五个鎏金大字，游客常在这里留影，这也是孔晓带领游客重温这段长征历史的出发点。在一件件实物面前，在一个个作战沙盘面前，孔晓要通过自己细致生动的讲解把游客拉回到八十多年前那段波澜壮阔的历史。两层的陈列馆，讲解一次要一个半小时，孔晓一天要讲 4—6 次，这是个“既烧脑又费腿”的活。“来到纪念馆，讲解员就成为游客认知这段历史的一面窗口，如果我们带着疲倦去讲，游客会感到乏味。”到了一天的后几场，孔晓就要与自己体力作斗争了，“口干舌燥、腿脚发颤”。她笑称自己特别费化妆品，因为她战胜疲倦的方法就是再化一次妆，以新的面貌面对游客。“来到遵义纪念馆，我们希望游客带着胜利的振奋回到自己的生活中”。

红军是活菩萨

近年来，到遵义会议纪念馆参观的游客人数成倍增长，日均接待游客在 1 万人次左右，周末可达 1.5 万人次。这让纪念馆讲解员的工作量成倍增加，留给孔晓和她的 30 位同事休息的时间很少。在工作最繁忙的一年，孔晓迎来自己的宝宝，面对摇篮里咿咿呀呀的宝宝，她常有喜悦在心，但却无力宠爱。每天回到家，她都不想讲话，只想安安静静地看书。好在自己的小家庭有父母帮忙照看。家人，是孔晓最坚强的后盾。孔晓的父亲孔庆堂是孔子嫡系 73 代孙，是个军迷，对长征历史尤为熟稔，各支部队参加的战斗如数家珍。父亲是孔晓的学术顾问，他俩经常在家里讨论长征的细节。在孔晓随身携带的纸袋里装满了长征题材的书籍，还涉猎了一些红军领导人的人物传记，这些书籍的纸张已翻得发黄，圈画着密密麻麻的记号。孔晓立志要成为自己讲解的这段历史的“专家”，“无死角”地掌握这段历史。但在讲解中，她时常有被问倒的时候。一次，有位游客关心作为翻译出席遵义会议的伍修权情况，她当场没有回答出来，尴尬之余，她记下了这位游客的电话，经过查实，她在电话里给了令游客满意的回复。“世界上没有卑微的职业，只有卑微的人。很多人看不起讲解员，因为我们这个职业出不了精英，但我凭良心去工作，把工作干好，就不是低人一等的人。”孔晓的这颗心，与红军战士一样红。

对于孔晓而言，用良心干好工作，除了是职业操守要求之外，更是一种血缘的传承。她的爷爷孔宪权是位老红军，孔晓从小跟爷爷奶奶生活，直到 7 岁上小学才被父母接到身边。在她印象中，爷爷不苟言笑、沉默寡言，走路一瘸一拐，常年拄着拐杖。“爷爷爱喝酒，但酒量不好，经常喝醉。奶奶为此常埋怨他。”小时候，孔晓只知道爷爷参加过红军，却不知道爷爷参加战斗的具体经过。“爷爷从不在我跟前讲过去打仗的事。”

1986 年，孔晓（左二）与爷爷奶奶的合影

直至参加工作，在纪念馆里，孔晓逐字逐句地读着爷爷战斗的事迹，才知道，爷爷身体的残疾从苏区时期参加战斗就开始负伤，打穿全身的伤痕就有 12 处，也才理解，爷爷常喝酒是为排遣因负伤不能随红军参加战斗留下来的终身遗憾。孔宪权 1932 年 8 月经黄克诚介绍加入中国共产党，参加过一至五次反“围剿”，被黄克诚等称为“打不死的程咬金”。在娄山关战斗中，他担任红三军团十二团作战参谋，率突击队攻打娄山关南侧的黑神庙敌旅指挥所。突击队冲到距黑神庙还有百把米的地方时，从遵义板桥来的敌人援军到了。敌人见红军人数不多，尚未站住脚就立即向突击队发起猛烈的反扑。突击队利用敌人在公路上挖的战壕、砍倒的大树作为掩体进行抵抗。孔宪权在公路左侧指挥战斗，他挥起十响的“连珠匣枪”向敌人扫射，一连打倒了十多个敌人，但敌人仗着人多弹足，不等红军喘息，又组织第二梯队进攻。眼见战士们一个个倒在血泊中，孔宪权站起身来用手枪射击敌人，突然感到身子往右倾斜，一下子失去了平衡，

摔倒在地上。孔宪权左腿胯骨中了敌人的6发机枪子弹。这时，敌人哇里哇啦地喊叫着冲上来了。孔宪权一个翻身滚到路边的水沟里，强忍着剧烈的疼痛，趴在水沟里，又用十响的“连珠匣枪”又撂倒了几个敌人。担架队将孔宪权抬到遵义老城内的天主教堂，教堂中挤满了伤员。红三军团第十三团总支书记、当时年仅18岁的胡耀邦和他的宣传队在遵义城不远处待命，准备进城帮助维持秩序。医生用“鸦片水”作为麻醉剂，为孔宪权取出了几小块被打碎的骨头。

1935年3月29日，孔宪权随红五军团和中央军委三局到达贵州省毕节地区黔西县岚头街上。因他的胯骨被打碎了，伤口一直不能愈合，红军不得不将他留下来在当地财主宋少前家养伤，但再次让他享受了团以上伤病员的待遇：为他留下了300多块银圆的生活费和所需药品的单子，并留下一位医生为他治伤，留下一位叫龙仕文的红军通信员护理孔宪权。同时，红军还给医生和龙仕文留下了一些银圆作生活费和药费。在当时，普通红军伤员留下来一般只发10至15块银圆。把孔宪权送到宋财主家的红军战士，还将宋财主的一间房子拍了照，对宋财主说：“你要负责这个人的安全，把他保护好，我们会感谢你的；如有差错，唯你是问。别忘了，我们有照片，我们会回来检查你的。”那个收留孔宪权的宋财主对红军很有好感，因为他觉得红旗是交好运的兆头，便精心将孔宪权保护起来。

伤愈后，左脚短了近10厘米的孔宪权流落乡间。在遵义县枫香镇一带，孔宪权曾经挑着货郎担，走村串寨“卖点针头麻线”，也当过泥瓦匠，被人称为

"跛子瓦匠"。后来当地乡民们听说那个"跛子瓦匠"是红军，就都把他看作"活着的红军菩萨"，将他穿过的草鞋要走，拿回家给生病的人烧成灰吞服。孔宪权穿过的草鞋被拿光了，便来讨他穿过的布鞋。布鞋讨光了，又来要他穿过的破衣。举凡孔宪权用过的东西，乡民们都要去烧成灰烬，用水吞服，驱魔祛病……

"或许是爷爷传下来的红色基因，我对中国革命史有着特殊的情感。"孔晓说，爷爷长征时 23 岁，而孔晓开始自己的红色宣讲事业，也是在 23 岁。2002 年，19 岁的孔晓考入遵义医学院高级护理专业。2006 年毕业那年，当她听到遵义会议纪念馆要招一批讲解员时，内心的红色情结升腾起来。在 100 多人的报名考试中，孔晓以高挑出众的外表、过硬的语言表达能力和对红军长征的了解，成为当批录取的 5 名讲解员之一。

首任馆长的孙女是临时工

经过岗前培训，2006 年 10 月，孔晓开始正式上岗讲解。当看到纪念馆墙上悬挂着的爷爷照片时，孔晓内心充满激动；讲述着纪念馆陈列的爷爷战斗留下的遗物，孔晓充满兴奋。但在宣讲中，她把激动和兴奋抑制住了，她从不提自己是红军后人的身份。同事经常提醒她告诉游客自己的特殊身份，"这样游客会对你的讲解更感兴趣。"而且，孔晓是有机会用爷爷的资本换取自己职业的厚度。

1964年，孔宪权53岁时在遵义会议纪念馆前留影

孔宪权曾任遵义会议纪念馆首任馆长，1955年2月，孔宪权任馆长，为收集实物，他带领同事跋山涉水，不辞辛劳，沿着红军长征在贵州的路线，用10个半月的时间，完成了44个县（市）及川南、滇东北5县的征集采访任务，全面地掌握了中央红军长征在贵州路线和战斗情况的资料。现在纪念馆有2000余件实物，1400件是孔宪权在任时征集到的。

1958年11月，邓小平到遵义纪念馆，对孔宪权的工作给予高度肯定，说他是纪念馆馆长最合适的人选。在孔宪权的努力和争取下，1964年11月，毛泽东主席为遵义会议纪念馆题写了“遵义会议会址”六个大字，这是解放后毛主席为革命纪念馆唯一的题词。建馆之初，人员紧张，孔宪权还亲自担任讲解员。

“爷爷的光芒只属于他们的，要让光芒照到自己身上，全靠自己的努力。”这是孔晓的理解，更成为孔晓“倔强的坚持”。2002年，孔晓报考纪念馆讲解员时，她没跟任何人说自己是孔宪权的孙女，而如今，工作10年，她仍然是一个没有编制的临时工，她几乎成了年纪最大却还在一线讲解的讲解员，但孔晓对此看得淡然：“从事自己喜欢的工作，足以了；凭借良心工作，就够了。”

讲解中，孔晓注重与游客的互动。游客对红军长征感兴趣，孔晓就讲得更加起劲。而让她着急的是，现在年轻的游客对这段历史很陌生，甚至有些漠然。她一直为这事着急，她想呼吁——“历史教育应该从小抓起，尤其不能忘记中国革命史。从英雄的前辈身上我们可以感悟到理想信念的强大，有了这份强大的理想信念，每个人的人生都会很精彩。”

1964年，孔宪权53岁时留影

10年的工作中，让孔晓无法忘怀的是，2015年6月16日，习近平同志来到遵义会议纪念馆参观，看到总书记，正在参观的群众纷纷围了上来。总书记同大家热情握手，临别时对讲解员说，“你讲得很好。

2016年12月，中央电视台到遵义会议纪念馆拍摄纪录片，孔晓陪同讲解

要给大家好好讲，告诉大家我们党是怎么走过来的。”虽然没在现场为总书记讲解，但在随后的新闻中看到总书记的嘱托，孔晓还是振奋不已。那一天，她专程跑到位于红军山的爷爷墓前，把总书记的话念叨给爷爷听。在讲解员的岗位上，孔晓想一直干下去，把红军战士用血肉之躯换来的功勋向更多的人讲下去。

◎ 人物小传

孔宪权（1911—1988 年），原名孔权，1911 年 2 月出生在湖南省浏阳县一个贫苦农民家庭，1932 年 8 月经黄克诚介绍加入中国共产党，参加过一至五次反“围剿”，被黄克诚等称为“打不死的程咬金”，因负伤流落遵义被当地群众当作能救死扶伤的“红军菩萨”，解放后因担任遵义会议纪念馆首任馆长成绩卓著被邓小平称为是该项职务的“最合格人选”，其奇特经历被美国作家协会副主席、《纽约日报》原副主编哈里森·索尔伯兹里，在其所撰的名著《长征——前所未有的故事》中大篇幅介绍。

11 战场上是个“凶老头”，战场下是个“好老头”

——专访徐海东大将女儿徐文惠

初心小记：“作为一个共产党员，只要你有一口气，不为党工作就是最大的耻辱”。这是徐海东大将的座右铭。徐文惠回忆道：父亲在世时，我们的家风非常严格。父亲一再对我们说，徐家子女不能向政府提要求、添麻烦。他对党和国家的感情是深厚的，在任何时候，先想到的总是国家，而不是自己，而且这种情感也是自发的。父亲出身贫寒，可以说，没有党和人民的抚育，就没有父亲。

徐文惠在家中接受笔者专访

草木吐绿，又是清明。

北京八宝山革命公墓的一个静谧角落里坐落着徐海东大将夫妇的墓碑。青草茵茵，翠柏怀抱。清明前夕，人们在他们的墓前敬上鲜花。鲜花簇拥古朴的石碑，其中有一束鲜红的火鹤花格外醒目，这是将军之女徐文惠敬献的。3 月 25 日是徐海东大将去世的日子，徐文惠一家人总会在这一天到父母墓前祭扫。

徐文惠是徐海东的次女，已入古稀的她，喜欢鲜艳的颜色，因为眼疾，常年要戴深色眼镜。眼镜是红色的，衣帽是红色的，她对自己事业的追求是红色的，就连她爽朗的笑声也是红色的，充满了激情和感染力。

“只要有一口气，不为党工作就是最大的耻辱”

2015 年清明节后的一天下午，笔者来到位于北京万寿寺路的徐文惠家中，对她进行专访。这一天是她编制的《巾帼英雄——长征中的女红军》系列图册出印刷图样的日子，这不是第一稿，之前出的样图挂满了客厅墙壁。她亲切地称呼这些女红军为“老妈

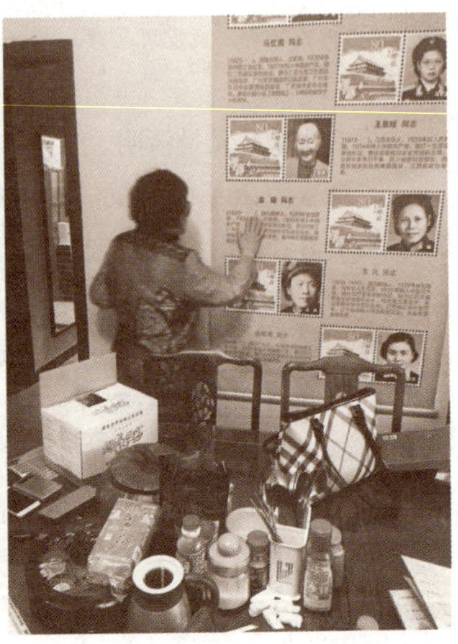

徐文惠在筹备展览

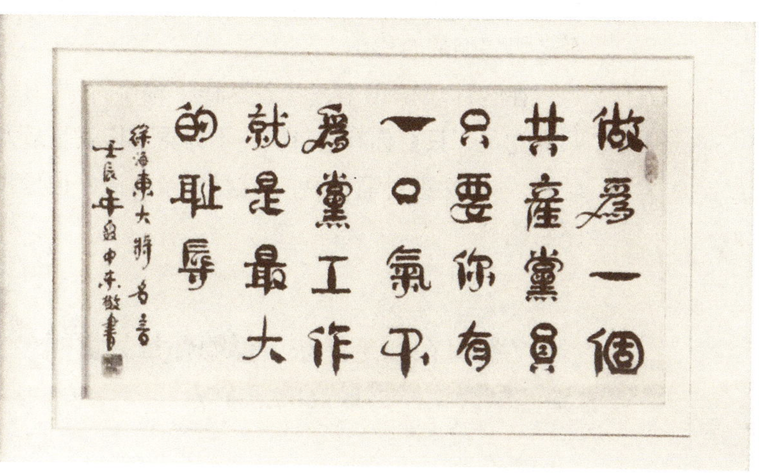

徐文惠把父亲的教导挂在家中

妈”，“我们这些老妈妈们在革命年代做出的牺牲和贡献非常巨大，她们投身革命的经历很传奇也很感人，但对她们的宣传不够，人们不知道她们的事迹”。时值中国工农红军长征胜利80周年前夕，徐文惠想在今年把这些凝聚她几年心血的画面，免费向公众展出。

这些篇幅巨多的图册，一遍一遍地重印下来，开销不是个小数目。当笔者好奇经费来源时，徐文惠笑答，“这不，我的大宝贝刚给我电话，说马上要给我送点钱!”徐文惠说的大宝贝是她40多岁的儿子，也是她红色事业的“大财团”。徐文惠没有退休金，这些年来，她红色事业的经费都是儿子创业挣来的。徐文惠还有一个女儿，从2004年到2010年，徐文惠断断续续重走父母走过的长征路，女儿放弃自己的事业，一路陪伴在母亲身边，给了徐文惠莫大支持。

这个不大的单元房里，充满了红色气息，房中四壁挂满了徐海东大将戎马形象，还有一些徐文惠和红军老妈妈们的合影。

在客厅墙壁正中，挂着这样一幅字：“做为一个共产党员，只要你有一口气，不为党工作就是最大的耻辱。”徐文惠对笔者说，“这是父亲的话，也是我的座右铭。”

徐海东和毛泽东、彭德怀是悬赏额最高的三个人

徐文惠打开了对父亲追忆的话匣。“天上升起大明星，东边来了徐海东；徐海东，真英雄，率领红军闹长征。徐海东，本领大，吓跑土豪和恶霸；一针一线不白拿，还把土地分给咱。”这是20世纪30年代陕北的一段民歌。在腥风血雨的大革命时期，徐海东就已立下赫赫战功。

徐海东肖像

1937年7月7日夜，北平西南卢沟桥，随着日军一阵刺耳的枪声，震惊中外、旷日持久的日本全面侵华战争

打响，全国抗日战争爆发，等待着徐海东的作战对手不再是国民党，而是更加凶恶的日本侵略军。

1939 年 9 月，徐海东随中原局书记刘少奇赴华中任新四军江北指挥部副指挥兼第四支队司令员。到任后，徐海东参与新四军江北指挥部领导工作，直接指挥第四支队取得多场战役的胜利。“父亲随刘少奇调往华东新四军。路上，刘少奇改用化名，扮成父亲的秘书，抱着 4 个月大的我，前往华东。此后的行军中，我和哥哥坐在挑着的筐里，一头是我，一头是他。”徐文惠回忆道。

徐文惠出生在炮火连天的年代，在颠沛流离的行军打仗中度过了童年。但对于她而言，那段记忆却是明朗的，“父亲打仗上瘾，一有战斗打他就很高兴，而且父亲指挥作战常常是胜利的，每每打完胜仗，他就会抱抱我亲亲我”。在中国革命史上，徐海东是出名了的“虎将”，勇猛智慧，打起仗来不要命。徐海东历任中国工农红军红四方面军独立第四师师长、红二十五军军长、红十五军团军团长等职务，为保卫党的早期革命根据地建立卓越功勋。

“父亲每次上战场都做好有去无回的准备”，徐文惠说。1932 年，国民党对红军发动第四次“围剿”，为保护大部队顺利转移，红四方面军做好了让徐海东率领的第 74 师全部牺牲的准备。“但父亲巧妙部署兵力，以不足 2000 人的兵力一举歼灭追来的两个团。当时国民政府听到消息大为光火，到处张贴布告：‘活捉徐匪海东，赏洋十万。’而为了这场胜利，父亲连续 23 天没有睡觉，穿着衣服打个盹，把敌人打败后，他一连睡了三天，起来以后就开始吐血。”疆场上胆大勇猛的将帅回到家脱下军装却满身伤痕。“后来父亲经常吐血，那时候，父亲的担架都是特制的，因为他发病的时候，肺都肿起来了，不能盖被子。上面弄个铁丝架，被子盖在铁丝架上，因为父亲只要碰一下东西就吐血。当时毛主席给新四军来了一封电报，讲海东同志是军队的一面旗帜，你们一定要保护好，任何时候不能出问题。父亲多次负重伤，身上共有 17 个窟窿。”

为革命，一家牺牲了 66 人

1936 年的夏天，美国记者埃德加·斯诺秘密前往陕北苏区，要探寻“红色中国”。他采访了毛泽东和很多红军将领，后来在书中对徐海东的描写用了“大名鼎鼎”和“神秘”这两个词。他对这位出身贫苦的将领的身世非常着迷。斯诺这样描述当时的情景:“那个人马上面露笑容，脸涨得通红，嘴里露出掉了两个门牙的大窟窿，使他有了一种顽皮的孩子相，大家不由得都笑了。”而这位羞涩的军人，就是斯诺急切想要见到的红十五军团军团长——大名鼎鼎的徐海东。

徐海东在红军将领里是出了名的能打，一次他以 2000 人的部队击溃了敌人一个师，并俘获了敌军师长。被俘的国民党师长输得不明白，问他:“你是黄埔几期?”他说:“我是‘青山大学’毕业的!”徐海东曾在北伐中担任少尉排长，大革命失败后，徐海东回到家乡成立了农民自卫军。鄂豫皖根据地逐渐发展为全国第二大苏区，红军创建初期，在国民党的缉拿名单中，徐海东和毛泽东、彭德怀是悬赏额最高的三个人。

“我也是听他战友说：‘战场上是个凶老头，战场下是个好老头，跟大家打成一片。’ 我父亲这个人脾气暴，他讲自己的缺点是有军阀作风、脾气急。打仗的时候，不能讲第二声，叫你马上冲，你就得马上冲，你要搞慢了，他手里有一条马鞭子，‘啪’就一鞭子，全军都知道他严格。”

长征途中，有一次与国民党刚打了一仗，特别劳累，大家都睡觉醒不了。当时还下着大雪，马上要出发，吹号大家都没听见，他就着急了，他一个一个房间去找，他拿着一个棍子打出 200 多人，当时假如晚了，就全部被国民党抓了。还有一次在于家河战斗中负了伤，子弹从脸上打穿了，警卫员说：“军长，你负伤了。”他就很凶地说：“谁负伤了？”他怕影响军心，结果警卫员很委屈，明明是负伤了嘛，事后他就诚心地向警卫员道了歉。在下面他与全军打成一片，是个好老头。

“我父亲负了 9 次伤，8 次枪伤，1 次是红枪会往屁股上戳了一枪。所以他身上有 17 个枪眼，17 个洞，他洗澡的时候我就帮他数。他负伤多，所以知道负过伤以后需要什么，打完仗第一要慰问伤兵。有一次他负伤后正是年三十，没有一个人来看他，那时候心里非常难受。所以他打仗，所有的伤兵他都一一看到，全军上下特别敬重他。”

“父亲的牺牲不仅是身体上的，还有精神上的。反动武装对他恨之入骨，先是烧了我们徐家的房子，然后对徐家实行疯狂屠杀，一族83人，被杀害66人。得知此事后，父亲非常痛心。毛主席曾说过我们党为革命牺牲最多的是海东同志，一家牺牲了66人。我父亲讲，我在家里是行孝，在外面闹革命是尽忠，忠孝不能两全。我只能选择尽忠，没有国就没有家。”提起这些往事，徐文惠热泪盈眶。“尽管有如此大的牺牲，但父亲对于革命的信仰一直很坚定，对革命的前途也很乐观。”

1945年8月，日本无条件投降，抗日战争取得最后的胜利。抗战期间，徐海东一直都在两面作战：一面打日本，一面斗病魔。在这两条战线上，徐海东都是当之无愧的胜利者。

大将女儿一辈子当农民

徐海东大将共有五个孩子，鲜有人知，他的大女

1949年，庆祝新中国成立，徐海东家合影

1957 年，徐海东将军一家合影

儿徐文金当了一辈子农民。1925 年，25 岁的徐海东生了大女儿，1927 年大革命失败，遭到国民党通缉的徐海东离开家乡，徐文金被三伯父用箩筐挑着连夜逃走，事后，徐文金隐姓埋名，成为一个乡村人家的童养媳。直到 1951 年，徐文金才知道自己的父亲还活着，第一次走出大山沟，到大连一家疗养院见到阔别 23 年的父亲。

“那时，父亲养病我陪在他身边，记得来了个人找父亲，才知道她是我失散的大姐。”徐文惠回忆道，“我大姐陪父亲住了 2 个月后，要离开父亲了，临走

徐海东大女儿徐文金，至今在农村生活

时她把想到城里找份工作的想法向父亲说了出来。我记得父亲沉默了许久后说，‘现在刚刚解放，政府负担还很重，你又没有文化，怎能搞特殊化呢?’最后，我大姐又回到农村，最终一辈子扎根农村，即使在三年自然灾害期间，大姐的丈夫因饥饿和疾病离开了人世，她都没开口向父亲求救济。但父亲是非常挂念我大姐的，大姐先后生了 4 男 1 女，这 5 个孩子的名字都是我父亲起的。现在，这 5 个孩子都生活在当地，其中两个还入了党，一个在部队当了十多年的兵。我想父亲在世看到这一幕，也一定很欣慰。”

“父亲在世时，我们的家风非常严格。父亲一再对我们说，徐家子女不能向政府提要求、添麻烦。他对党和国家的感情是深厚的，在任何时候，先想到的总是国家，而不是自己。而且这种情感也是自发的，父亲出身贫寒，可以说没有党和人民的抚育，就没有父亲。到我们这一代，对红色江山的深厚情感也是浓重自然的，这就像基因一样深刻地烙印在我们身体里。我们亲身经历了国家的变化，从积贫积弱到日渐强大，我们也目睹了父辈拼下江山所流的血，所以，我们这一代格外珍惜现在来之不易的幸福。”采访中，徐文惠畅言对祖国和党的这份赤城情感，但也袒露了自己的担忧——历史远去，人们会不会忘了先烈？忘记本来，就将在未来中迷失。作为将帅后代，徐文惠感到弘扬红色文化、传承红色基因是自己义不容辞的责任。为此，她经常到革命老区采访收集历史资料。2000 年，在徐海东百年诞辰之际，她还远赴美国，采访了张学良。“100 多岁的张学良见到我还记得我是红 25 军军长、15 军团长徐海东的女儿，原定 20 分钟的会面一直谈了两个小时，他向我回忆当年与父亲交手作战的情形，言语中流露出对父亲极高的敬重。”

这些年，徐文惠还组建了开国元勋后代合唱团，并担任理事长，“这个理事长实际上就是跑腿的，因为我在这些哥哥姐姐中岁数是最小的。像我们将帅后代，都有一个心愿，就是把父辈的优良品德、革命的意志传承下去，能够让我们的国家永不变色。”据徐文惠介绍，合唱团只唱红歌，在党的重要节日里，他们就公益演出。

“在战争年代，父亲那辈人是在沙场上消灭敌人，而现在是没有血和火的沙场，但在思想领域敌人也是有的，在父辈打下的红色精神阵地上，我们不去占领，别有用心、图谋不轨的人就去占领。所以，红色精神的传播是刻不容缓任重道远的。”徐文惠深情地说，“作为一个共产党员，只要有一口气我就要把红色精神传播下去!”

◎ 人物小传

徐海东（1900—1970 年），原名元清，湖北省大悟县新城镇(原黄陂县滠源乡会夏店里滚石岭会）人。

是中国工农红军及中国人民解放军主要领导人之一，著名军事家，中国人民解放军大将。

1925 年加入中国共产党，曾参与黄麻起义，历任中国工农红军红四方面军独立第四师师长、红二十五军军长、红十五军团军团长等职务，成功保卫了陕北根据地。抗日战争时期，任八路军 115 师 344 旅旅长、新四军江北指挥部副指挥兼第四支队司令员。中华人民共和国成立后，担任人民革命军事委员会委员等职位。1955 年被授予大将军衔，获一级八一勋章、一级独立自由勋章、一级解放勋章。是第一、二、三届国防委员会委员，中国共产党第八、九届中央委员。

12 红军后人万里单骑长征路

——专访革命烈士梁诚之子梁宁宁

初心小记：“现在有很多人想走一走当年红军的长征路线，也有很多人和我一样真的走了这条路线，但即使你一步不差地走完全程，除去品尝到的艰苦，你能品尝到天空敌人飞机丢炸弹、地面数十万大军围追堵截那种九死一生的危险吗？死亡随时在身边，覆灭随时在身边，而红军就是这样走出来的。”在重走红军路中，当他已经筋疲力尽的时候，心里就想当年红军硬是用两条腿跑过了长征，“难道我今天骑自行车还办不到吗？我边骑边唱‘红军不怕远征难’那首歌，终于到达了预定的目的地。”

“我慢慢地向前走去，把一束鲜花献上。我带来你们战友的怀念，更带来后人的敬仰。我仿佛看到了一幅幅动人的画像：烈士们以宝贵的生命，铺平通往胜利的道路。用那血肉之躯，把密集的弹雨阻挡。在雪山草地，他们让出最后一点救命的青稞，牺牲前还给战友留下身上仅有的军装。面对死亡，他们是那样的平静。面带微笑，因为他们看见了胜利的曙光。他们视死如归，因为他们怀有崇高的理想……”

这是年届60岁的梁宁宁以一个普通红军后代的

以上照片，是梁宁宁在重走长征路上的留影

身份，沿父辈当年走过的足迹，重走长征路时写下的诗《丰碑》。经过雪山、草地，他一个人走在万里长征路上，以此向父辈们伟大的长征精神致敬。

从2002年10月开始，经过两个阶段、跨越两年的骑行，共走过8个省，109个县、市，行程6000多公里。而今十多年过去，回想当时的情景，已经74岁的梁老仍然历历在目："我从小生活在部队，看了很多书，也常听老同志讲长征的故事，但是我觉得，听的，看的，都不如亲自去走那么一遍，对心灵会有更加深刻的震撼。"

回想当年父辈们面对敌人重重封锁，险象环生。并承受了超越生命极限的自然挑战。梁宁宁说：重走长征路确实让我感受到了"父辈当年真是不容易，为了一个初心、一个信念作出那么大的牺牲，今天如果我们能继续延续这种初心，人民幸福和民族复兴的中国梦就一定能够早日实现"。

2015年立春时节，笔者在梁宁宁家里对他进行了采访。一见面，他便把笔者拽到书房，顶到天花板的书几乎都与长征有关，他酷爱长征那段历史。

父亲是"娃娃政委"

"父亲牺牲那年，我刚4岁，我平生最大的遗憾就是基本没有在父亲身边生活过，1944年11月父亲随八路军南下支队离开延安时，我刚在延安中央医院出生三个月。所以对父亲一点印象也没有，但父亲在我心中一直是高大的英雄形象，我对父辈的经历和业绩充满向往。”梁宁宁站在父亲遗像前动情地说。

梁宁宁的父亲是红二方面军的老战士，长征过草地时担任红二方面军红六师俱乐部主任，“战斗剧社”总支书记，21 岁担任山西五寨县牺盟会主任（县委书记），23 岁任冀中军区四大队（老八团）政委，年轻有为，享誉冀中，是有名的“娃娃政委”。

“我父亲原名叫梁金龙，1916 年出生在湖北省洪湖市，在家乡当过儿童团长，参加过贺龙领导的洪湖赤卫队。他 1930 年参加红军，17 岁时就加入了中国共产党。1943 年在延安中央党校学习时改名为梁诚，以表明他对党的事业的忠诚。”

“爷爷兄弟两人只有我父亲这么一个儿子，一家人缩衣节食送他上了两年私塾，后来实在交不起学费，父亲便辍学回家打鱼务农。尽管父亲只念过两年私塾，但就靠这么点文化，能读书写字，在长征中发挥了很大作用，编口号、写标语、演节目，成了长征队伍的宣传骨干，在长征过草地时，贺龙亲自指定时任红六师俱乐部主任、‘有戏剧表演才能的梁金龙’担任‘战斗剧社’的党总支书记。‘战斗剧社’要战斗，解放后，包括欧阳山尊、严寄洲等文艺界许多知名人士都曾在‘战斗剧社’工作过。”

1937 年全面抗日战争爆发后，梁诚随 120 师挺进到晋西北抗日前线，任山西兴县游击自卫总队政治部副主任兼五寨县牺盟会主任，投身到激烈的抗日战争。“1939 年 1 月，中央调一批团以上干部到华北抗日前线，我父亲担任了冀中军区五分区四大队（老八团）政委。这个大队有二千多名指战员，大多是旧军人和农民出身，思想比较混乱，参军打仗的目的各不相同，旧军队作风、游民习气尤为严重，虽然接受了共产党的领导，但二千多人的队伍里连个党组织都没有。到这样的部队开展党的工作，难度可想而知。旧军人出身的大队长王禄祥已近50岁了，根本看不起上级派来的这个23岁的'娃娃政委'。但父亲凭着坚定的信念，运用他在红军中学到的政治工作经验，迅速在部队发展党员，建立各级党组织，做干部战士的思想工作，仅用三个月时间，部队的精神面貌和凝聚力都发生了巨大变化。”不久又果断处理了王禄祥率部叛变投敌的突发事件，梁诚率二个人飞马深入险境，连夜把部队带了回来。

在抗日战争中，梁诚先后担任冀中军区第29团、27团政委，率部参加了华北地区的反“扫荡”战斗和百团大战。激烈的抗日战争后，接踵而来的是解放战争。1946年6月，国民党调集30万大军，企图围歼我中原部队，我军分几路向外线突围，这就是著名的“中原突围”，它标志着解放战争的开始。“战斗打得异常激烈，我军损失惨重，父亲随几支打散的部队突围出来，胜利到达皖西，组建了皖西人民自卫军。皖西军区成立后，父亲担任皖西一分区副政委兼政治部主任。”

“1948年7月1日，正是中国共产党建党27周年的日子，突然大批敌军分几路合围皖西军区。父亲带领部队紧急转移，在转移的途中，路经一个三岔路口遭遇敌军。父亲最早发现远处的敌军，为掩护战友，他让身边的几位领导带领战士赶紧撤离，为吸引敌人，自己则带几个警卫员镇定地站在原地没有移动。等到战友们已经安全转移了，敌人也缓过神来，加速号叫着冲了过来。这时，父亲才带领战士撤离，敌人蜂拥般追赶着，越来越近，为了引开敌人，父亲他们没有沿大部队方向行进，当他们翻过一户老乡家的后院墙时，没想到那竟是一块刚收割完的水稻田，短短的稻茬毫无遮掩。敌人的子弹密集地扑了过来，父亲接连中弹，鲜血喷涌而出，他倒下了。父亲就这样永远离开他的战友，离开他热爱的党。”父亲牺牲时年仅 32 岁。

“我们的国旗是用无数先烈的鲜血染红的。对这句话我和姐姐有着深刻的体会，因为那些血染祖国大地的先烈中，就有我们可敬的父亲！父亲牺牲那一天，恰逢是中国共产党建党 27 周年的日子，距离中华人民共和国成立也仅仅只有一年多点的时间。父亲没能亲眼看到新中国成立时激动人心的画面，但他用生命履行了自己的入党誓言，为革命事业流尽了最后一滴血。”

常年查看党史资料，梁宁宁已经眼花，摘下老花镜揉眼睛，笔者看到他的眼角已闪现晶莹的泪花。“我心中常想，不管怎样，父亲还是留下了姓名的烈士，留下了自己的后代。但我们党的战斗史上，还有多少革命先烈，他们牺牲时是那样的年轻，连自己的姓名、籍贯都没留下，我们今天的幸福生活，不就是这样千千万万个连一天福也没享成的革命先烈，用鲜血和生命换来的吗?!”

父辈精神激励他前行

出于对父辈事业的敬仰，重走长征路，成为梁宁宁一个挥之不去的夙愿。他本打算 2004 年退休后再去实现这个想法，但有一件事促使他提前了这个计划。

2002 年，有两个英国历史学博士李爱德、马普安正在行走长征路，许多国外媒体对此事跟踪进行了报道，有的甚至把文章题目写成“中国的长征没有那么长”。梁宁宁看了报道后感到很气愤，认为这个结论是故意歪曲的。虽然后来他和李爱德多次见面，也成为朋友，但他在见面和所写的书中仍然批驳了这种观点，梁宁宁说：“他们以史学家特有的严谨，认真地用点对点的连线，用双脚去丈量了他们所走过的里程，并以此得出结论，长征没有那么长，但他们却忽略了这样一个基本史实，就是在过去战争时期的特殊条件下，敌我力量极为悬殊时，为了摆脱、调动、和消灭敌人，红军翻山越岭地进行大迂回是常有的事，其中，最典型的例子就是四渡赤水和乌蒙山回旋战。”“作为红军后代，我决不能落在这两个外国人身后重走长征路。”

于是，梁宁宁提前办理退休手续，按规定原单位只发给基本工资，对此他毫不在乎。“在我出发前，许多参加过长征的老同志嘱咐我，在你将走的路上，可能还有长征中失落的老红军战士，这些人也大多 90 岁左右了，在世的越来越少。此外，沿途还有不少红军烈士墓，让我代表他们去看望祭扫一下。”就这样，梁宁宁怀着一个红军后代的心愿，带着老前辈们的期望和嘱托，带着家人、朋友的祝福和牵挂出发了。

“因为父亲长征时在红二方面军，所以我基本上是沿着红二方面军的长征路线走的。”2002年10月7日，梁宁宁一个人的长征路从湖南张家界桑植县迈出了第一步。从这一天起，至2002年底，他严格按照红军长征时所走的路线，经过了湖南、贵州、云南3省14个市48个县，到达云南昆明市，由于入冬天气越来越冷，有些路面不适合自行车骑行，梁宁宁不得不中断行程，返回北京。休整半年时间，2003年7月26日，梁宁宁又重走长征路，经过甘肃、宁夏、四川等省区，于2003年底再次回到云南。两年来，他骑行了中国西部106县，每天在各种复杂的地形中骑行近百公里，足迹踏遍红二方面军绝大多数长征路线，因为红二方面军长征比中央红军晚一年，所以许多地方三个方面军都先后经过了，还有些著名的长征旧址，如遵义、泸定桥、大渡河等，他也都专程前往了。

长征的漫漫征途充满了各种挑战，山路坎坷而曲折，顶风冒雨、高原缺氧，打滑摔跤更是司空见惯，途中所受艰险难以想象。但梁宁宁说，和老红军风餐露宿、天天行军打仗、突破敌人重重围追堵截简直不可同日而语。“现在有很多人想走一走当年红军的长征路线，也有很多人和我一样真的走了这条路线，但即使你一步不差地走完全程，除去品尝到的艰苦，你能品尝到天空敌人飞机丢炸弹、地面数十万大军围追堵截那种九死一生的危险吗？死亡随时在身边，覆灭随时在身边，而红军就是这样走出来的。”

梁宁宁回忆道，在泸定县到石棉县一段，他沿着大渡河在盘旋起伏的山路上连续骑行了11个小时，那天还下着小雨，当他已经筋疲力尽的时候，心里就想当年红军为了抢占泸定桥硬是用两条腿跑了 140 华里路，“难道我今天骑自行车还办不到吗？我边骑边唱‘红军不怕远征难’那首歌，坚持到夜里，终于到达了预定的目的地。”

行走在新时期的长征路

艰难困苦并不只是长征路上的主旋律，温暖与感动也时刻涌动在梁宁宁的内心。梁宁宁自行车后座挂着“重走长征路”的横幅。“有一天在甘肃武山县，中午太阳直射，天气闷热，我刚好路过路边一个西瓜摊，摊主是个 20 多岁的小伙子，他热情地招呼我下

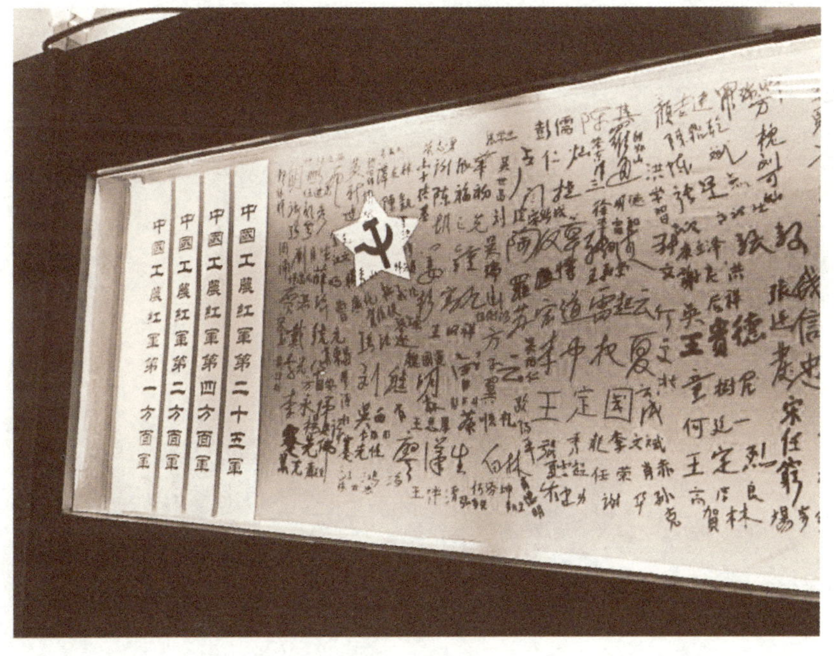

200 多位老红军亲笔签名的旗帜

车，随手就挑了个好瓜，‘啪’的一声拍开，我正诧异还没付钱怎么就让我吃瓜了呢，小伙子笑着说，你不是在重走长征路吗？我对红军敬佩得不行，红军长征时就是从我们村边渡的渭河，我就是听着红军长征的故事长大的！”

梁宁宁的午饭大多数是在路边小饭店解决的，当乡亲们知道梁宁宁在重走长征路后，争抢请他吃饭，有几次饭店老板怎么都不肯收钱。这样的感动让梁宁宁充满力量，使他更坚定地走下去。梁宁宁重走长征路之前，专门准备了一个素描本，每到一个市、县他都会去邮局盖一个当日的邮戳，所到之处的军分区或武装部的领导都为他题词、合影，有许多题词令人感动。四川阿坝军分区的题词这样写道：“父辈洒下鲜血的热土上，每个人在此都会热血沸腾。雪山草地上的雪莲和格桑花，每一朵都燃烧着长征的精神。”

在漫漫的长征路上，梁宁宁从来没有感到一个人

梁宁宁在家中接受笔者专访

的孤独和困苦，时刻被父辈们伟大的牺牲所震撼。在湍急的大渡河旁，在茫茫的雪山、草地，严寒和缺氧、饥饿和疾病让许多同志倒了下来。据粗略估算，长征路上平均每公里就牺牲了一个红军战士。

重走长征路之后，梁宁宁经常去部队、机关、大中学校和官兵、职工及同学们进行座谈。年轻的战士、职员和同学对中国工农红军长征的兴趣和热情让梁宁宁感到振奋和鼓舞，许多朋友希望在梁宁宁征集的这面有 354 位参加过长征的老红军签名的军旗下合影。“现在的年轻人面临的是另外一种战场，虽然没有炮火硝烟，但实现民族振兴的中国梦的重任压在他们身上，他们要走的是另一种长征，我从他们壮志凌云的豪情和青出于蓝而胜于蓝的辉煌业绩中，看到了他们的使命感和责任感，看到了他们身上蕴藏的巨大能量，也看到了我们祖国的未来和希望！历史赋予了不同时代的年轻人不同的使命，父辈是中华民族在那个时期的杰出代表，而现在这个历史时代应该有这个历史时代的杰出代表。我把希望寄托在年青一代的身上！”

◎ 人物小传

梁诚（　—1948 年）烈士。原名梁金龙，1916 生于湖北省洪湖市峰口镇东晓村。1930 年还不到 15 岁的梁金龙在革命思潮的影响下，先在家乡当儿童团长，不久就参加了中国工农红军，从此走上了革命的道路，并在1933年加入中国共产党。土地革命战争时期，梁金龙先后任红二军团战士、班长、副连长、第六师十七团、十八团俱乐部主任，红二方面军政治部宣传干事、战斗剧社指导员。参加了湘鄂西、洪湖，湘鄂川黔革命根据地的反“围剿”和长征。抗日战争爆发后，梁金龙先后任山西省五寨县牺盟会主任（县委书记），冀中军区十分区干部科长，四大队、二十九团、二十七团政委。1948年7月1日上午，一分区刚简单庆祝了中国共产党建党27周年生日，便接到皖西军区的紧急通知，敌人要合围一分区，命令部队迅速向鄂皖赣三省交界处转移。在转移中，遇到敌袭牺牲，年仅32岁。

13 “小宝宝，你的父母是共产党员”

初心小记： 小宝宝，我不能抚育你长大，希望你长大时好好读书，且要知道你的父母是怎样死的。我的启明，我的宝宝！当我死的时候，你还在牢中，你是个不幸者。你是个世界上的不幸，更是无父母的可怜者！小明明，有你父亲在牢中给我的信及作品，你要好好地保存。小宝宝，你的母亲不能多说了，血泪而成。你的外祖母家在北方，河北省阜平县，你的母亲姓赵。你可记着，你的母亲是二十三岁上死的！小宝宝，望你好好长大成人，且好好读书，才不负你父母的期望。可怜的小宝贝，我的小宝宝！

在中国人民革命军事博物馆事迹展厅陈列着两封催人泪下的书信：一封是陈觉烈士就义前给妻子赵云霄的诀别信，一封是赵云霄烈士给襁褓中的女儿的遗书。这是他们用生命和鲜血写成的！

苏联留学结伉俪领导农运遭失败

陈觉，湖南醴陵人；赵云霄，河北阜平人，1925

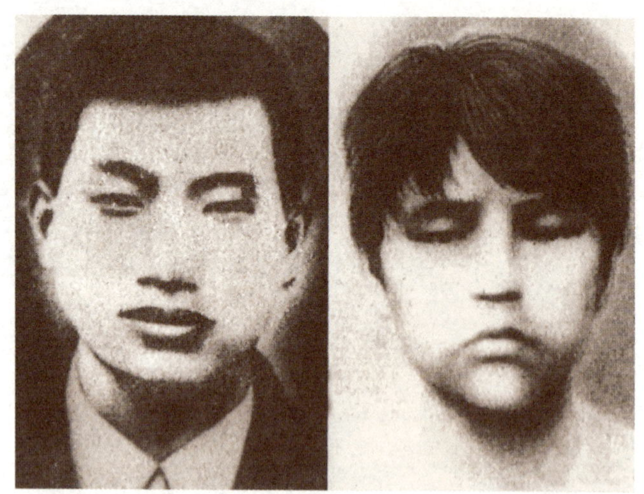

陈觉赵云霄夫妻二人肖像

年冬，他俩受中共党的派遣到苏联留学，进入莫斯科中山大学学习。他俩是这批学生中年龄较小的学生，而且没有外语基础，学习比较费力。在学习中，他们互相帮助，逐渐产生了爱慕之情。不久，经学友王希闵介绍，陈觉和赵云霄结为夫妻。

1927 年 7 月，中国革命进入低潮。工农群众在共产党的领导下，进行反抗国民党屠杀政策的武装斗争。留苏的党员学生纷纷被派遣回国，从事苏维埃运动。9 月，陈觉和赵云霄取道东北、回到上海，与地下党组织取得联系，在法租界云南中路党中央的秘密机关，见到瞿秋白、李维汉等，接受了分配去湖南工作的任务。

11 月初，陈觉偕同赵云霄回到家乡醴陵，住在县城阳三石铁路工人宿舍。正逢湘东刚刚爆发了秋收起义，工农武装的主力部队随毛泽东上了井冈山，国民党势力卷土重来，实行残酷的“清剿”。醴陵的地下党发动农民向敌人夺取武器，集中了几十多条枪，在西一区成立了醴陵游击营，由周云甫任营长。陈觉、赵云霄与湘东特委书记滕代远、省委军事特派员陈恭来到醴陵后，立即与县委一道领导武装建设，开展革命斗争。这年冬，南乡、东乡、西乡也相继成立了游击队，并在南乡的丁斗塘、东富、龙塘等地办了小型兵工厂，打造梭镖、大刀、鸟铳、土炮等武器武装农民。

1928 年春，中共湘东特委和醴陵县委连续组织了两次农军扑城，这就是著名的醴陵年关暴动。陈觉担任省委特派员，指导了这场斗争，为彻底推翻地主豪绅反动统治，广大农民军在党的领导下，乘着湘桂军阀在湘混战，县城敌兵数量不多的机会，于 1928 年 1 月 27 日，由南乡出发直扑县城，血战整天，未能攻下。接着，又于 2 月 27 日，第二次向县城进行总攻击，此次所到工农武装群众在 5000 人以上，但由于动作不一，城内又无内应下农民军虽与敌人进行了英勇的战斗。终因组织不坚强，武器不好及缺乏经验。未能取得胜利，被迫撤退。

醴陵烈士陵园

陈觉、赵云霄居住的阳三石铁路工人宿舍，离县城只有 5 华里，白色恐怖相当严重，他们在敌人的鼻子底下，白天在家研究工作，草拟文件；晚上外出活动，发动群众斗争。当时，陈觉与县委书记林蔚负责指导南区的土地革命。他们跋山涉水，先后在沈潭、新田、东富、西林、大樟、栗山坝、贺家桥等地领导农民开展“打土豪、分田地”的斗争，建立了以泗汾为中心的，包括南二、南三、南四、西一、北二等 5 个区的 35 个乡的苏维埃政权。

一天晚上，繁星满天，月色在地，陈觉和赵云霄从阳三石赶了 30 里路，到了泗汾的仓前，出席南二区苏维埃成立大会。夜晚，他们没有进近在咫尺的家，而投宿在当地农民的家里。陈觉看到这家农民神龛上的祖宗神位不见了，换上了“共产党万岁”的标语，高兴地问：“你们不怕没有祖先神灵保佑，日子过不好？”农民告诉他，现在这里家家户户都不信神了，命运要靠农民团结起来斗争才会改变。

这户农民还告诉他，你的家中人埋怨你出外多年不回来，现在回来了又挖家里的墙脚，真是个报应。陈觉听了置之一笑。然后说：“告诉乡亲们，分到我家的田只管种，还可以在土地上筑大路、垒塘坝、开水渠、蓄鱼放鸭。爱怎么搞就怎么搞，有官司打到我这里来！”

1928 年 4 月，湘桂军阀混战结束，湖南全省清乡督办署在长沙设立，以湘鄂临时政务委员会主席程潜兼督办、何键任会办，派鲁涤平率第八军的第十二师、第六军的第十八师共两万多人，配合清乡队、挨户团，重点进攻湘东的平、浏、醴三县，高叫“茅草过火，石头过刀”。醴陵农村苏区遭受了一场“血洗火烧”的浩劫。在半个月时间内，被杀害的革命干部、党员3000多人，群众10000多人，房屋被烧毁1200多栋，工农武装被打散，一部分人由刘型率领上了井冈山。全县各级党组织遭受到严重破坏，陈觉、赵云霄由党调往长沙省委机关工作，与国民党进行地下斗争。

夫妻俩不幸被捕 拷打诱降志不移

1928年夏，陈觉被派往常德，组织湘西特委，赵云霄因有身孕，且是北方口音，不宜下乡，便留在长沙看守机关，负责各地的联络。

9月中旬的一天，赵云霄出外送通知，回机关的路上，不慎被叛徒发现。她回到住处，听到敲门声，发现暗号不对，立即销毁了文件，悄悄在窗口挂上了报警信号。她情绪镇定地打开了门，进来的两个人告诉她，是陈觉让他们来取文件的。赵云霄要赶他们出去，那两个人露出狰狞面目，冷笑着说：“那就麻烦你走一趟！”

在长沙清乡督办署，一个瘦猴似的审判官举起一个卷宗，得意地说：“你不是一个寻常的共产党员，在莫斯科喝过洋墨水，你和陈觉的情况，早已由我们立案了，你还是老实说了吧！”

赵云霄瞟了他一眼，冷冷地回答：“既然已经知道了，你就判吧！要杀要剐，都随你便！”说毕，她坐在靠墙的板凳上，闭上了眼睛。任凭审判官发问，

陈觉和赵云霄被关押在长沙陆军监狱

一言不答。审判官无奈，只好命令几个士兵把她推上一辆囚车，送往长沙福星街的陆军监狱署。

10 月初，又一辆囚车停在长沙陆军监狱署门前，铁门打开，从囚车里跳下几个荷枪实弹的国民党军警，吆喝着一个戴着脚镣手铐的青年下车，他衣衫褴褛，头发蓬松，满身血污，显然，他是经过了一番审讯拷打后，被押到这里来的。这个青年就是陈觉。

陈觉于一个月前被派到常德县城，以开药铺为掩护，主持湘西特委的工作。可是，他的行踪终于被叛徒嗅到。国民党士兵包围了药铺，他越窗逃跑未成。常德的初审，"剿共"军事指挥陈嘉佑被骂得狗血淋头，恼羞成怒，又不敢擅自处决，只好派兵将陈觉速转长沙。

何键知道陈觉是个"大有油水"的人物，对赵云霄也暂时不作处置，目的在于使他们夫妻就范，将湖南地下党一网打尽，便命令手下的一个法官出面劝降。

陈觉到长沙后，被带到清乡督办署的后厅，一个穿长袍的秘书在那里等候，把他让进会客室，满脸堆笑解释说：“今日何法官请你过来谈话，他还有点事，马上就来。”

一会儿，从后花园那边走进一个满脸横肉，颧骨高突、两肩耸起的家伙，奸笑着迎过来，边走边打招呼：“老弟，我来迟了，听说你在常德吃了不少苦，是我从那里把你要过来的。好险呀，差点让他们把你崩了。”说着，他吩咐手下的人给陈觉打开镣铐，又递上一坏热气腾腾的浓茶，说自己叫何彦湘，家住醴陵泗汾何家垅，与陈觉的父亲陈景环要好。接着，又皮笑肉不笑地劝道：“俗话说，美不美，山中水；亲不亲，故乡人。我们有话好说，刚才，我从芸樵公（指清乡督办署会办何键）那里来，他说，只要你肯把共产党的组织供出来，就可以立即释放你们夫妇，还可以……”

陈觉明白这是敌人劝降的花招，漫不经心地听着，当何彦湘讲到这里，他实在忍不住了，蓦然立起，往桌上猛击一掌，厉声地说：

“住口！你这个无耻的东西，替何键当说客，想拖着我与你们同流合污，办不到！”

这突然的一击一喝，何彦湘一愣，呆若木鸡，心想发作，但又不死心，故作矜持道：

“年轻人，不要这样暴躁。要死还不容易，可我是替你着想，你还年轻。人生几何，应享天伦之乐，何必白白送死呢？”

陈觉“呸”了他一口，义正词严地揭露了这群杀人不眨眼的刽子手，只图自己升官发财，不惜以屠杀

陈觉赵云霄夫妻二人纪念铜像

工农为职业，干尽了祸国殃民的坏事。何彦湘听了，脸皮青一阵，白一阵，泛起几丝抽搐，凶相毕露地咆哮起来，连叫："不识抬举，来人呀，把他拖下去打！"

监狱的铁门一打开，难友们以关切的眼光注视着这位新来的同志。男女牢房由一条走廊连着，赵云霄看到铁栅栏外被架进一个血肉模糊的人，正是自己日夜思念的丈夫，心如刀绞。她扶着铁栅栏，眼泪刷刷地落下来，高声叫着陈觉的名字。

陈觉听到妻子熟悉的哭唤，甩开狱警，跌跌撞撞地扑上前去，隔着铁栏拉住赵云霄的双手，任凭狱警厮打。也不放开。难友们发出一片抗议声，谴责狱警的暴行。

在监禁的日子里，由于难友们的帮助，陈觉和赵云霄通过递纸条联系，互相鼓舞，互相激励。

夫妻同判死刑写血书　从容赴死 留下英名励后人

不久，“惩共法院”的判决书下来了，以“策划暴动，图谋不轨”的罪名，判处陈觉、赵云霄死刑。赵云霄自知必死，早将生死置之度外，只提出因身有孕，待生下小孩再临刑。经过三四个医生的检查确定属实，敌人被迫同意延期执行。

10月10日，陈觉在就义前给妻子留下一封诀别书，其中写道：

云霄我的爱妻：

　　这是我给你的最后的信了，我即日便要处死了。你已有身，不可因我死而过于悲伤。他日无论生男或生女，我的父母会来抚养他的。我的作品以及我的衣物，你可以选择一些给他留作纪念。

　　你也迟早不免于死，我已请求父亲把我俩合葬。以前我们都不相信有鬼，现在则惟愿有鬼。“在天愿为比翼鸟，在地愿为并蒂莲，夫妻恩爱永，世世缔良缘。”回忆我俩在苏联求学时，互相切磋，互相勉励，课余时闲谈琐事，共话桑麻，假期中或滑冰或避暑，或旅行或游历，形影相随。及去年返国后，你路过家门而不入，与我一路南下，共同工作。你在事业上、学业上所给我的帮助，是比任何教师任何同志都要大的，尤其是前年我病，本已病入膏肓，自度必为异国之鬼，而幸得你的殷勤看护，日夜不离，始得转危为安。那时若死，可说是轻于鸿毛，知今之死，则重于泰山了。

前日，父亲来看我时，还在设法营救我们，其诚是可感的，但我们宁愿玉碎却不愿瓦全。父母为我费了多少苦心，才使我成人，尤其我那慈爱的母亲，我当年是瞒了她出国的。我的妹妹时常写信告诉我，母亲天天为了惦念她的远在异国的爱儿流泪。我现在也懊悔此次在家乡工作时，竟不曾去见她老人家一面，到如今已是死生永别了，前日父亲来时我还活着，而他日来时只能看到他的爱儿的尸体了。我想起了我死后父母的悲伤，我也不觉流泪了。云！谁无父母，谁无儿女，谁无情人！我们正是为了救助全中国人民的父母和妻儿，所以牺牲了自己的一切。我们虽然是死了，但我们的遗志自有未死的同志来完成，“大丈夫不成功便成仁”，死又何憾！

此祝

健康！并问王同志好！

觉　手书

一九二八年十月十日

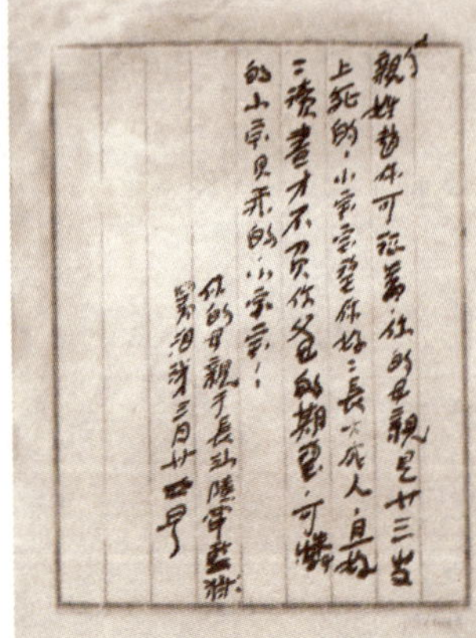
親姊妹你可託養。你的母親是廿三歲上死的。小宝宝望你好々長大成人，自然讀書才不負你父母的期望。可憐的小宝貝呀的小宝宝！

你的母親手長沙陸軍監獄

寫于三月廿四日早

信中最后提到的王同志，就是他们结婚介绍人王希闵。他从苏联回国后，也被派到湖南工作，此时也关押在长沙陆军监狱署。

10月14日，刽子手将陈觉、王希闵等一批共产党员五花大绑，推出监狱，押上囚车。他们面对死亡，放声发笑，集体高唱：

我们的革命有钢骨的意志，
英雄的气魄。
我们要斩断道路上的荆棘，
冲破黎明前的黑暗。
革命的暴风雨海啸般的狂吼
烈火般的燃烧。
叫一切不合理的制度毁灭，
叫一切反革命势力死亡。
为了后一代的幸福自由，
我们愿——愿把牢底坐穿；
为了庄严的共产主义事业，
我们愿——愿流尽最后一滴血。

雄壮的《囚歌》飞出车外，在长沙上空回荡，囚车渡过湘江他们被集体杀害于岳麓山穿石坡。陈觉时年不满22岁。

赵云霄得知陈觉壮烈牺牲的消息，悲恸欲绝。4个月后，即1929年2月11日，她在狱中生下一个女婴。同监的难友怕婴儿受凉，把她母女俩围在中间。云霄征得大家同意，给婴儿取名“启明”，意思是在黑暗中盼望破晓。

牢房里人多，空气混浊，马桶奇臭，婴儿缺乏乳汁，饿得“哇哇”直叫，身体很是孱弱。牢房的铁窗开得很高、很小，太阳照不进来，尿布无法晾干，赵云霄只得将尿布缠在腰上，垫在床上，用体温暖干。

云霄日夜抱着刚出生的婴儿，贴在自己的胸口上。可是，婴儿依偎着母亲才一个月，灭绝人性的反动派就对云霄下毒手了。

3 月 24 日，赵云霄从清乡督办署过堂回来，接到“惩共法院”的死刑判决书。她搂着婴儿亲了又亲，吻了又吻，晶莹的泪水一串串地落下来，晚上，就在昏暗的油灯，伏在床板上，给不懂人世奇冤的女儿留下了这封遗书：

启明我的小宝贝：

启明是我们在牢中生了你的时候，为你起的名字，这个名字是很有意义的。因为有了你才四个月的时候，你的母亲便被湖南清乡督办署捕于陆军监狱署来了。当时你的母亲本来立时死的罪，可是因为有了你的关系，被督办署检查了四五次，方检查出来是有了你，所以为你起了个名字叫启明（与你同样出生一个叫启蒙）。小宝宝：你是民国十八年正月初二日生的，但你的母亲在你才有一月有十几天的时候，便与你永别了，小宝宝，你是个不幸者，生来不知生父是什么样，更不知生母是如何人？小宝宝，你的母亲不能抚养你了，不能不把你交与你的祖父母来养你。你不必恨我，而恨当时的环境。

小宝宝，我很明白的告诉你，你的父母是共产党员，且到俄国读过书（所以才处我们的死刑）。你的父亲是死于民国十七年阳历十月十四日，即古历九月初四日。你的母亲是死于民国十八年阳历三月二十六日，即古历二月十六日。小宝宝，你的父母，你是再不能看到，而也没有相片给你；你的母亲所给你的记念衣物及一金戒指，你可以作一生的唯一的记念品。

小宝宝，我不能抚育你长大，希望你长大时好好读书，且要知道你的父母是怎样死的。我的启明，我的宝宝！当我死的时候，你还在牢中，你是个不幸者。你是个世界上的不幸，更是无父母的可怜者！小明明，有你父亲在牢中给我的信及作品，你要好好地保存。小宝宝，你的母亲不能多说了，血泪而成。你的外祖母家在北方，河北省阜平县，你的母亲姓赵。你可记着，你的母亲是二十三岁上死的！小宝宝，望你好好长大成人，且好好读书，才不负你父母的期望。可怜的小宝贝，我的小宝宝！

你的母亲于长沙陆军监狱署泪涕

三月二十四日

3 月 26 日，刽子手在监外高声点名，叫到“赵云霄”时，生死离别，痛断肝肠，她怎舍得初到人世

小学生在瞻仰纪念铜像

的婴儿。诀别的时刻到了，赵云霄喂完最后一次奶，强忍悲痛，把启明留给了难友，被刽子手架走了。

陈觉烈士遇害后，他的父亲陈景环到长沙收殓了儿子的遗体，运回醴陵泗汾安葬，次年，赵云霄烈士牺牲，因无法找到遗体，仅从监狱里接回只有一个半月的启明。小启明经受暗无天日的监狱折磨，体弱多病，4 岁便夭折了。

陈觉、赵云霄这对革命夫妻为中国人民的解放事业，献出了宝贵和生命，历史将会永远铭记，人民也将永远铭记。

◎ 人物小传

陈觉（1903—1928 年），原名陈炳祥，1903 年生，湖南醴陵人，1925 年加入中国共产党。赵云霄又名赵凤培，1906 年生，河北阜平人，1925 年加入中国共产党。陈觉、赵云霄作为第一批先进的中国青年，于 1925 年冬进入莫斯科中山大学学习，在学习期间结为夫妻，1927 年一道回国参加革命。1927 年 9 月，赵云霄随陈觉到湖南醴陵参加了秋收起义，不久他们被调回湖南省委机关，组建湘南特委。1928 年 4 月，由于叛徒告密，他们分别被敌人逮捕。反动当局对他们多次审讯，残酷折磨，但他们宁死不屈，表现了共产党人的高尚气节。1928 年 10 月，陈觉在长沙牺牲。陈觉烈士牺牲前给爱妻的遗书中说："云！谁无父母，谁无儿女……我们正是为了救助全中国人民的父母和妻儿，所以牺牲了自己的一切。我们虽然是死了，但我们的遗志自有未死的同志来完成。”

赵云霄（1906—1929 年），1906 年出生于河北阜平。出身于较富裕的书香家庭。幼随父亲读书。后入阜平南关小学。1922 年，入磁县高小。1924 年 7 月，考入河北省立保定第二女子师范学校。期间，在共产党员李培芝的影响下，阅读《向导》《新青年》等进步书刊，接受革命思想，参加了驱赶反动校长的活动。同年冬，加入中国社会主义青年团。鼓励家乡妇女，反抗封建压迫。

1925 年夏，加入中国共产党。同年冬，由党组织选送到莫斯科中山大学学习。这期间，同湖南共产党员陈觉互相鼓励，互相学习，结为革命伴侣。

1927 年 9 月，同陈觉一起回国，由党组织派往湖南领导农民武装斗争。后参加指挥了醴陵年关暴动。同年冬，在南乡、东乡、西乡成立了游击队，并在南乡等地办起了小型兵工厂，建立了赤卫队。1928 年春，先后在沈潭、新田、西林等地领导农民开展打土豪、分田地的斗争，建立了以泗汾为中心的 35 个乡的苏维埃政权，提出了“共耕制”的分配原则。同年 4 月，奉调到长沙，从事地下工作。同年夏，湖南党组织遭到破坏后，继续留在长沙，负责各地的联络工作。同年 9 月，因叛徒告密，外出送通知返回时被国民党反动派逮捕。后丈夫陈觉也被捕押到长沙陆军监狱。在狱中，和丈夫互相鼓舞，互相激励，同敌人进行坚决的斗争。敌人威胁利诱，但她始终大义凛然，坚毅不屈。最后，敌人以“策划暴动，图谋不轨”的罪名，判处她和丈夫死刑。后因她有身孕，被缓期执行。

1929年3月24日赵云霄给女儿留下了最后的遗嘱:“小宝宝，我很明白的告诉你，你的父母是个共产党员……我不能抚育你长大，希望你长大时好好读书，且要知道你的父母是怎样死的。……望你好好长大成人，且好好读书，才不辜负你父母的期望。”26日，赵云霄给襁褓中的女儿喂了最后一次奶，然后镇定地走向刑场，牺牲时年仅23岁。

14 潇洒人生

——王孝和烈士50封家书背后的故事

初心小记：执行官下令补枪，执行的法警被王孝和的浩然正气所折服，拿枪的手抖动不已，连发数枪，竟然一枪未中。丧心病狂的刽子手踢翻椅子，用脚对王孝和腹部猛踩。殷红的鲜血流淌在大地上。王孝和——一位年仅24岁的共产党员，以他的实际行动兑现了入党誓言："我一定用我的生命保卫党，保卫工人阶级的崇高事业，永不动摇，一直革命到底。"

20世纪40年代的大上海，鲜有人不知王孝和——他时而走在几千工人游行队伍的前列，振臂高呼；时而站在广场中央，高声疾呼。他英俊潇洒、正气凛然的形象深入人心。1948年4月21日，王孝和被国民党反动军警逮捕，其间，工人不断施压要求放人，顶不住压力的反动派作出丧心病狂的决定——处决王孝和，消息传出后，上海二十余家媒体以及上万名群众聚集在监狱外，声援王孝和，谴责反动派暴行。

王孝和在反动派押解下走向刑场，他的双手被

王孝和之女王佩民给笔者展示父亲三封遗书的复制件

敌人反绑，但却面带笑容，步履潇洒。他边走边喊："反动政府要垮台、要垮台……"刑场上，刽子手被王孝和大义凛然的风度震慑，手发了抖，子弹从他心脏旁边穿过，王孝和因失血过多而英勇牺牲。一个24岁青年的鲜血浸透了大地。

大公报摄影记者冯文冈用相机记录了王孝和生命的最后时刻，如今这24张泛黄的相片，如同电影剧照，一帧一帧地重现一位年轻共产党人的信念、勇敢和担当，在他坚定的步履中，在他清澈的眼神中，在他自然流露的笑容中，定格了一个潇洒的人生。

昔日的黄浦江上游弋的是帝国主义的军舰，南京路上耀武扬威的是帝国主义的军队，一个世纪过去，如今黄浦江畔、南京路上行人如织，一个充满活力的现代化大都市展现在世人面前。

王孝和牺牲后第21天，小女儿王佩民出生。一生未谋父面，王佩民是通过这24张照片"结识"父

1948 年，赴刑场路上的王孝和

亲的。2014 年的清明前，笔者来到黄浦江畔，在王佩民家中聆听她讲述她与父亲的故事，感悟一位共产党人的初心和信念。

捧出一颗澄明透亮的“初心”

王佩民家中有一个宝贝，拿起它的时候，王佩民格外小心——一个黄色绸布包裹的盒子，盒子里装着用塑料封存的纸质资料，上面还放着防腐包，这是王孝和就义前写下的三封遗书的复制件：

“有正义的人士们！祝你们身体康健！为正义而继续斗争下去！前途是光明的！那光明正在向大家

招手呢！只待大家努力奋斗！”“好容易养儿到迄今，儿见到此社会之不平，总算没有违背做人的目的，今天完成了我的一生！但愿双亲勿为此而悲痛……千千万万有良心有正义人士，还活在世上，他们会为儿算这笔血账的。”“我很感激您，您为我费尽心血，今天虽不能获得全美，但总算是有收获的。但愿您分娩顺利，未来的孩子就唤他叫佩民！身体切切保重……”

我们的采访就从这三封信说起：

1948 年 4 月 19 日晚上，国民党特务来到王孝和家，软硬兼施，威胁利诱，妄图使王孝和“自首”。王孝和愤然表示：“我是上电 2800 名职工选出来的工会常务理事，只知道为会员说话办事，没有什么可以自首的。”特务只得悻悻离去。两天后，国民党特务逮捕了王孝和，将他关押在警备大队审讯中，面对凶神恶煞般的特务，王孝和一言不发，坦然处之。特务恼羞成怒，对王孝和轮番施以“老虎凳”“磨排骨”“辣椒水”等酷刑。王孝和怒目以示，敌人未得到一个字的口供。1948 年 4 月 22 日，王孝和再次被施以酷刑，直至昏迷。1948 年 4 月 23 日，王孝和受刑升级，特务对他动用电刑。王孝和以其坚强的意志，顶住了敌人的摧残。特务对王孝和无计可施。一个参与施刑的特务边摇头叹息，边说，这个人真厉害，上这么重的刑，居然什么也不讲，真拿他毫无办法。

被捕后的几个月，王孝和利用一切机会揭露凶残的敌人。他在法庭上，一次又一次地当众解开衬衣，露出身上一处又一处血迹斑斑的伤痕，揭露敌人酷刑

忻玉英在丈夫纪念王孝和纪念大会上发表演讲

逼供的暴行。敌人黔驴技穷，1948 年 9 月 24 日，刑庭以“连续教唆、意图妨碍戡乱治安未遂”的所谓罪行判王孝和死刑。在死神即将来临的时候，王孝和毫无惧色，以满腔的激情写了三封信，一封给狱中难友；一封给年迈的双亲；一封给妻子。给难友的信中，王孝和写道：“有正义的人士们，祝你们身体健康，为正义而继续奋斗下去！前途是光明的！那光明正向大家招手呢！只待大家努力奋斗！”在给双亲的信中，王孝和写道：“父母养我育我，含辛茹苦。儿不能再为双亲尽孝养老，请多谅解。然而，儿为正义而死，死而无憾……”在给妻子的信中，王孝和写道：“你要挺住，要活下去，把孩子抚养成人，告诉孩子，父亲是被谁杀的，教育孩子一定要继承父志……你已尽了做妻子的责任，我很感激。”给难友的信经各监房传阅，引起了强烈反响。难友们无不深受鼓舞，纷纷表示要完成王孝和未竟的事业。

1948 年 9 月 27 日上午，特刑庭准备对王孝和执刑。那天清早，刑场上人头攒动，其中很多是上电厂的工人，他们都想见王孝和最后一面。王孝和的妻子哭喊着，痛斥反动政府滥杀无辜，刚满周岁的女儿在母亲怀抱中也不停地啼哭。目睹此情此景，人们无不怒火万丈，纷纷抗议。惊恐万状的敌人害怕了，只好对王孝和改期执刑。

1948年9月30日，难友们从种种迹象中预感到王孝和的最后时刻已经临近，各监房纷纷传来向王孝和致敬和慰问的纸条。纸条上言语不多，却充满了同志的深情厚谊，“我们一定为你报仇!”“一个人倒下去，千万人站起来!”“我们将前仆后继，踏着你的血迹前进!”……看到同志们这些动人心魄的心声，王孝和热泪盈眶，深受鼓舞。为了勉励两位同甘共苦的战友，王孝和留下了对革命事业充满信心的绝笔：“张世宝、吴国桢两兄，今天我的任务已告一段落，希望你们两位不断把革命进行到底……祝你们向光明的道路前进!”

不出所料，这天上午几个法警闯进监房喊道：“王孝和提审!”王孝和从容不迫地穿上了白衬衫，向牢门处走去，他边走边怒吼：“特刑庭不讲理!”“特刑庭乱杀人!”在特刑庭上，王孝和镇定自若地提出：我要向在场的记者先生们讲几句话。庭长的目光向四周扫视了一下，面对在场的二十多家报社、通讯社的记者，他不得不表示同意。于是，王孝和昂首挺胸，慷慨激昂地痛斥反动当局蛮不讲理、滥杀无辜的残暴行径，要求记者主持公道，在报上披露事实真相。面对王孝和不屈的英雄气概，庭长气急败坏地大叫：“不许多说，现在已经判决，立即执行。”王孝和以斩钉截铁的口气表示：我不承认你们的判决。特刑庭居然成了王孝和对反动当局进行控诉和示威的地方。接着，王孝和又神情坦然地回答了外国记者的提问，使国民党特刑庭的反动面目暴露无疑。敌人担心，如此下去场面将越来越无法收拾，急急忙忙强行将王孝和押赴刑场。在刑场上，王孝和被绑在一张木椅上，法警颤颤地举起枪，一颗子弹击中王孝和的胸膛，他坐在椅子上怒目圆睁，大口喘气。执行官下令补枪，执行的法警被王孝和的浩然正气所折服，拿枪的手抖动不已，连发数枪，竟然一枪未中。丧心病狂的刽子手踢翻椅子，用脚对王孝和腹部猛踩。殷红的鲜血流淌在大地上。王孝和——一位年仅 24 岁的共产党员，以他的实际行动兑现了入党誓言：“我一定用我的生命保卫党，保卫工人阶级的崇高事业，永不动摇，一直革命到底。”

“躯壳是自己的，灵魂属于父亲”

王佩民有坚持用电脑写日记的习惯，“总是忙忙碌碌，但也不知道干了些什么，写日记就能回头看看时间都去哪了，更主要的是电脑写日记查阅起来方便”。而她用起电脑的麻利程度，要比现在年轻人都“666”。

王佩民第一次“触电”是在 1986 年。

1968 年王佩民从上海中学毕业，被分配到上海电讯器材厂，1981 年调入上海市电子仪表标准计量测试所，负责人事、劳动工资工作，所里几百人的工资、奖金以及考勤都要她一人用手工操作，即便是

王孝和烈士肖像

“白加黑”的工作模式，王佩民也难以应付繁杂的工作，分身乏术的她想到向电脑要“劳动力”。“我要求信息中心为我编写有关程序”，那时用的不是现在大家熟悉的 Windows 系统，而是 DOS 系统，要通过输入命令来操作电脑。没有学过英语的王佩民硬是记住了很多英语命令。现在王佩民还习惯通过 DOS 指令操作电脑，一个戴着花镜的“老”太太伏在电脑前，屏幕上的程序在她手指噼里啪啦的敲动中实现快速切换，很让人惊奇。她的 QQ 昵称是“时髦太”，她不喜欢“老”字——不服老的人，就不会老。

电脑让她的工作效率大幅提升，尝到甜头的王佩民一直没放下电脑。每晚临睡前，她都要用电脑写日记，现在，装着她日记的文件夹列了好长一串。采访中，有想不清楚的事情，她就点开这些文件夹，查找她要的资料。

1988 年 9 月，王孝和英勇就义 40 周年，上海各界隆重集会纪念。时任上海市委书记的江泽民同志为王孝和题词：“四十年前，王孝和同志怀着共产主义的理想，为中国人民的解放事业，英勇地献出了自己宝贵的生命。他不愧是优秀的共产党员，工人阶级的杰出代表。我们要学习他坚定不移的革命信念、无私无畏的献身精神、高度自觉的组织纪律性，为建设伟大的社会主义祖国而努力奋斗。王孝和烈士永垂不朽!”

“那时候，父亲的声名又开始在上海传扬，各行各业的群众都想了解父亲的事迹和精神，我是遗腹女，从没感受过父亲对我的教育和爱抚，但对父亲的思念一刻也没有减少。”为了更好地了解父亲，从而寄托她的思念，王佩民投入到父亲事迹的采访和整理上。

有一件事，王佩民印象极深。“在采访父亲生前战友陈鹏麟时，陈伯伯对我讲了许多关于父亲的故事，并提到父亲在狱中写了很多家书。这个信息我是第一次得知，我赶紧跑回去问母亲，但时间太长，母亲不记得了。等我 10 天后再去找陈伯伯时，他却不幸去世了。人好好的，怎么说没就没了呢?”如今，王佩民还保存着她采访时给老人照的相片，她指着相片感慨，“好多前辈默默无闻，但他们的贡献重如泰山，应该让更多人知道……”此后，王佩民的脚步更加急迫，她要跟时间赛跑。

也是从那时她心里就落下一件事：怎么找到陈伯伯提到的那些家书。

1994 年，上海烈士陵园通知烈士家属，烈士陵园要搬迁，王孝和烈士的墓也要迁到龙华烈士陵园，安葬时烈士遗骸都要开棺重新安葬。王佩民得知这一消息后迫切要求到墓地现场看一看棺内的父亲遗骸。“按规定，家属不能在现场，但为弥补我没能看到过父亲的遗憾，烈士陵园答应了我的要求。”未曾想到，开棺的场面让王佩民崩溃了。“看到父亲的遗骸，我忍不住放声痛哭，心目中英俊潇洒的父亲就剩一抔黄土和腐骨，我伸手抓，怎么也抓不到，父亲彻底不在了……”这事对王佩民影响很大，后来她调整情绪，“既然抓不住父亲的躯壳，那我就留住父亲的精神。”

王佩民和外孙乐乐在家中。乐乐的理想是长大后当特警，他现在有个小小爱好——画英雄漫画。王佩民笑着说："这是基因遗传，他太公就办过这样的事呢！"

1997年，王佩民被选为中国共产党上海市第七次代表大会代表，坐在神圣的会场里，王佩民的神情有些恍惚。"不知道为什么，在会上，我感到躯壳是自己的，而灵魂是父亲的。我是一名普通的工作者，今天能参加这样神圣的大会，我知道不是因为自己，而是父亲的功绩。我是代表父亲参加党代会的。"

50封家书还原一个真实的王孝和

2001年，王佩民去上海市档案馆查阅资料，她意外地发现一生最大的宝藏——父亲从1948年4月21日被捕入狱到就义前一天，5个月时间写出的50封家书。

"我看到这些家书，激动得热泪盈眶，真的没办法控制自己的情绪，我拿着这一叠家书恨不得一下子将它们全部看完，同时想从这些家书里找到父亲的点点滴滴……我要求档案馆将这些信归还给我们，这可是父亲留给我们唯一的遗产。”档案馆答应用几天时间给她做一套复制件。这几天，王佩民日思夜盼，时间过得格外慢。终于盼来档案馆打来电话，王佩民都不记得怎么过去的，反正心是飞过去的。

拿到家书后，王佩民捧着看了又看。她先把家书按时间顺序排列整理，然后开始录入电脑，这时，王佩民为自己有扎实的电脑基础而庆幸。录入的工作持续了一个多月，“刚开始，父亲的手迹我不太熟悉，要通过查阅字典和其他资料辅助理解，通过整理后，对父亲的字迹非常熟悉了。这些信大多是写给母亲的，我拿着整理好的书信去找母亲，但她已经不记得这些信是什么时候交给谁的了，那时的母亲不识字，解放后母亲进学校读了书，认识字了，所以这些信，母亲也是第一次自己读懂的。那几天，我们母女俩几乎是泡在泪水里，读着父亲的信，仿佛父亲又回到了身边。”

“光阴过得真快，我到这看守所已有足足一个月了，在这期间未悉您与阖家人等过得什么样？我无时不在想念……”

“您自己的身体更应保重，因为不久您要做第二个孩子的母亲了，我已经告诉了我的难友们请他们吃红蛋哩！”

“我知道今天最使您痛心的是我脚上拷了一副镣，因为我见您总是注意着我的脚，可是我得告诉您这是这里的规矩，不久就会解去的，同时习惯了也没有什么……”

王佩民的母亲叫忻玉瑛，王孝和给她的家信都是以“瑛我妻”开头，行文中间用到的都是“您”，“父亲是极为尊重母亲的。”王佩民告诉笔者，“父母小时候就在乡下老家定了亲，后来父亲在城里上学并留下工作，母亲一直留在乡下，没上过一天学，不识字更不会写字，但父亲没有因母亲是地地道道的乡下姑娘而嫌弃她，父亲帮助母亲识字，母亲也很勤奋的学习，但这样的好景不长，一年多的美好时光因父亲被捕入狱而戛然终止。”

“父亲是一个浪漫有情趣的人，在信中，他不忘与母亲开开玩笑，他知道母亲不会写字，还打趣道，‘您说您自己不会写，那我就问您过去为什么不学？哈哈！不多鲁莽了，下次再谈吧！此祝快乐！’”

“父亲给母亲来信后，母亲经常找来身边的亲朋好友帮忙读并回信。父亲信中经常提到帮助自己的亲朋，父亲的人缘很好，大家都喜欢这个浑身正气的年轻人。父亲牺牲得太早，如果他选择另外一条人生道路，像常人那样过生活，他肯定是一位好丈夫、好父亲、好儿子。”

◎ 人物小传

王孝和（1924—1948 年），工人阶级杰出代表原籍浙江鄞县，1924 年 2 月 4 日生于上海，中国共产党优秀党员，中国工人阶级的杰出代表。王孝和 1941 年 5 月加入中国共产党。1946 年 1 月，上海电力公司发生大罢工，王孝和积极组织工人参加罢工斗争。1948年1月，王孝和当选为上海电力公司工会常务理事。上海电力公司党组织为了加强对工会的领导，将工会内的5名党员理事组成党团，由王孝和任党团书记。在王孝和的带领下，上海电力公司工人在同国民党上海反动当局的斗争中发挥了重要作用。4月21日，由于叛徒的出卖，王孝和被国民党反动军警逮捕。敌人从王孝和那里什么也没有得到，便将他判处死刑。王孝和坚定地说："死无所惧，只要我活一天，就要同敌人斗争。"在牺牲前，王孝和先后写下了三封遗书，他号召战友们"为正义而继续斗争下去！前途是光明！"9月30日上午，王孝和在提篮桥监狱刑场英勇就义，时年24岁。

15 带着父母的心愿去阅兵

——专访黄骅烈士之女黄鲁滨

初心小记："不忘初心，不忘党恩，党中央和总书记没有忘记抗战牺牲的英烈们啊！"阅兵的场面深烙在黄鲁滨的记忆里，66位英烈子女代表与抗战老兵、抗战支前模范组成了2个乘车方队，行进在受阅方队最前面，成为阅兵式上的一大亮点。"当阅兵车载着我们行驶，40多辆国宾摩托车开到两边护卫我们进入天安门广场时，我流泪了。这是对像我父亲一样献出宝贵生命的千万抗战烈士最崇高的致敬！"

1937年，从延安出发东渡黄河奔赴抗日前线，26岁的黄金山改名黄骅。"骅骝开道路，鹰隼出风

2015年黄鲁滨受邀到北京参加抗日战争胜利70周年阅兵式

黄骅烈士

尘”，这个由儿童团长一步步成长起来的年轻革命者，立志要在民族救亡图存的洪流中做一匹“革命的骏马”。从晋南大地到渤海之滨，黄骅一路辗转抗敌，直至1943年6月30日被叛徒杀害，血洒冀鲁边区的抗日战场。一听到“黄骅”，黄鲁滨总有一种特别的感觉，这既是她亲生父亲的名字，也是如今她朝夕生活的地方。1945年，黄骅牺牲地大赵村所在的新海县被命名为黄骅县（1989年撤县建市），以示对黄骅烈士的纪念。作为河北唯一现存的以抗日英烈名字命名的县市，渤海之滨的这座小城已与英雄黄骅融为一体，成为纪念英雄、歌颂英雄的英雄之城。

2015年9月3日，黄鲁滨作为抗战英烈子女代表，受邀参加了中国人民抗日战争暨世界反法西斯胜利70周年的阅兵仪式。

相约的采访一再推迟，72岁的黄鲁滨从阅兵观礼回来就一直身体不适，直到2015年秋分时节，才收到她答应采访的电话。金色的苞谷晒满了农家院落，从沧州火车站驱车到黄骅的路上，随处可见农民收获的喜悦。当你驻足与这里的人们攀谈，他们会告诉你：黄鲁滨是这里的“大名人”，她是黄骅的女儿，也是黄骅市的女儿。

不忘初心，不忘感恩

在黄骅市博爱医院，笔者见到了这位英雄的女

黄鲁滨与抗战老兵合影

儿，敲开病房门，里面有说有笑，热闹快乐：是一群护士正围坐在她身边，听她讲阅兵的故事。“黄奶奶的阅兵模式还没切换过去，激动着呢，血压都升到了160！”由于血压血糖严重超标，黄鲁滨不得不住进医院。“这是一次举世无双的大阅兵，能参加阅兵观礼是我这辈子最自豪的事”，打着吊针的黄鲁滨难掩兴奋，声音洪亮。

参加阅兵的荣誉证书

“不忘初心，不忘党恩，党中央和总书记没有忘记抗战牺牲的英烈们啊！”阅兵的场面深烙在黄鲁滨的记忆里，66位英烈子女代表与抗战老兵、抗战支前模范组成了2个乘车方队，行进在受阅方队最前面，

荣誉证书

黄鲁滨同志，2015年9月3日光荣参加纪念中国人民抗日战争暨世界反法西斯战争胜利70周年阅兵盛典，特发此证。

在阅兵仪式现场

成为阅兵式上的一大亮点。70 响礼炮鸣响，上万人高唱国歌，海陆空三军仪仗队接受检阅，场面蔚为壮观。“当阅兵车载着我们行驶，40 多辆国宾摩托车在两边护卫我们进入天安门广场时，我流泪了。这是对像我父亲一样献出宝贵生命的千万抗战烈士最崇高的致敬！”

黄鲁滨与父亲生前战友握手

在阅兵当天，黄鲁滨特意将父亲黄骅、母亲顾兰青的照片带在身上，经过天安门广场时，她心里默念，“爸爸妈妈，你们看，国家和人民没有忘记你们！你们看，现在的祖国多么繁荣昌盛，现在的国防多么先进强大！你们当初的愿望，当初流血追求的事业，向往的好日子，现在都已成为现实！”这也许是英烈子女们的共同心声，在阅兵车上，黄鲁滨还近距离地看到了习近平总书记，她热情地向总书记挥手致意，这个画面被定格在相机的镜头里，成为永恒的记忆。黄鲁滨一直沉浸这段荣耀的时光里，仿佛自己还在阅兵的驻地，和父亲的老战友们一起回忆往昔峥嵘岁月。在阅兵驻地，她抽空就去看望父亲的老战友，这些年近百岁的老人们拉着她的手，诉说和黄骅一起抗战的场面，“当年基层部队指战员都愿意跟着我父亲打仗，他到哪里，哪里就是胜利，所向无敌！”

在阅兵观礼中，黄鲁滨还认了一位“亲哥哥”。阅兵时，抗战英烈的子女代表编排在 6 辆车中，每辆车有10余人，与黄鲁滨同乘一辆阅兵车的，还有马本斋的儿子马国超。抗战期间，马本斋率领的回民武装在冀中地区抗日，得到时任冀鲁边区副司令员黄骅的支援，在一次战斗中，黄骅还救过马本斋。当马国超第一次见到黄鲁滨时，因父辈的救命之恩，两个本不相识的人紧紧抱在一起，结下浓浓亲情，革命情谊就这样脉脉相传。

“相聚是团火，化作满天星”，在黄鲁滨诉说着阅兵的荣耀和激动时，也流露出了一丝伤感，“我们聚在一起参加祖国的阅兵礼，这是第一次，可能也是最后一次了，因为我们年岁已高。”分别时，驻地里处处是相拥而泣、挥手道别的场面。

寻找英雄后人

作为八路军115师抗战期间牺牲的最高级别干部，1943年8月，为弘扬黄骅的英雄事迹和革命精神，经山东省民主政府批准，大赵村所在的新海县更名为

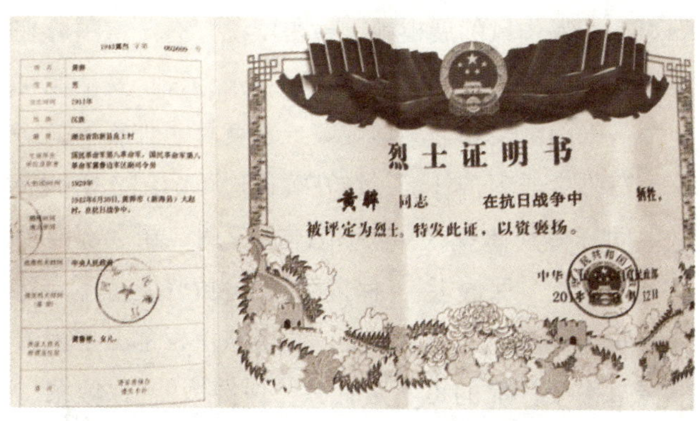
烈士证明书

黄骅 同志 在抗日战争中 牺牲，被评定为烈士，特发此证，以资褒扬。

黄骅烈士证书

黄骅县（1989年撤县建市）。在这个英雄曾经战斗过的地方，黄骅作为一个符号，从此无处不在。

坐落于黄骅闹市区的黄骅博物馆，是这座沿海城市的精神根脉所在。在由一片仿古建筑合围而成的院落中央，矗立着黄骅烈士的塑像，塑像魁伟，瞩目远方。

“这个塑像的神态最符合我想象中父亲的样子。”在黄鲁滨的脑海里，父亲是一个英雄，应该就是一副高高大大的样子。“据父亲的老战友回忆，他黄黑脸庞，很瘦，但精干老练，精神旺盛，动作利落，浓重的湖北口音，讲话慢沉沉，但很有力。”

英雄留下的不仅仅是名字，更有不灭的精神。

2007年，黄骅市筹集资金140万元整修大赵村惨案发生地的房屋，建起了纪念馆。

“建这个纪念馆就是为了把黄骅的革命精神一代代传下去。现在日子好了，更不能忘记黄骅烈士当年付出的鲜血和生命。”

“他和战士吃在一起、睡在一起；吃一锅的饭，穿一样的衣。要说和战士不同的地方，就是他用红辣椒蘸盐水吃饭，用短杆旱烟袋抽烟。”在一块反映黄骅艰苦朴素作风的展板前，黄鲁滨说，有一次黄骅在狼坨子养病，吃的就是煮黄豆、煮玉米，“要是能吃上个玉米面窝头和韭菜炒咸菜，那就算是加餐了。”

黄骅生活艰苦朴素，这在冀鲁边革命纪念馆的展览中同样得到体现。“因为他体质较弱，司令部准备给他安排点‘保健饭’‘保健菜’，可黄骅坚持不要这份特殊照顾。他说井冈山上、长征路上，那么多困苦都挺过来了，靠的可不是什么‘保健饭’‘保健菜’，

照片中前排右一是黄鲁滨，旁边是黄鲁滨母亲顾兰青

要说需要经常保健的，应该是我们的信仰、我们的意志。”讲解员杨婷说，黄骅坚决不吃的所谓“保健饭”“保健菜”，不过就是一点炒黑豆。

“人们一直没有忘记他。”黄鲁滨说，她打心眼里替父亲感到欣慰。2012 年，在黄骅市方面的诚挚邀请下，黄鲁滨一家五口由杭州迁到黄骅。由于参加活动上过几次电视，她也算成了“名人”。“有时候坐出租、买菜，甚至去看病被人家认出来，非要不收钱。”黄鲁滨说，钱当然要给，可她还是会心头一热。

但黄鲁滨来黄骅之前，她模糊地知道父亲上过战场最后牺牲在战场，但她没有因为父亲而影响到自己的生活轨迹，她只是生活在南方城市一个平凡得不能再平凡的普通人。但黄骅，这座崇尚英雄、敬重英雄的城市，却一直牵挂着英雄的后人。王新华，曾任黄骅县文史委副主任，从 20 世纪 90 年代开始，他就一

黄鲁滨与王新华合影

直在寻找黄骅后人。而这一找，就是15年。他有个强烈的使命感：让英雄的孩子回家！这是个看似不可能完成的任务。时光流转，物是人非，当年那个躺在母亲怀里的孩子，没人知道究竟去了哪里。山东、南京、上海、杭州、重庆、贵阳、昆明……从1992年起，王新华几乎辗转大半个中国，仍无头绪。然而，功夫不负有心人。2007年初，他获知新线索，黄骅烈士的爱人顾兰青离开冀鲁边区后，辗转到了杭州，改名“王毅”。后来又结婚了，爱人叫刘良明。王新华和老伴赶紧再赴杭州，几经辗转，在一家宾馆里见到了刘良明的儿子以及女儿刘鲁彬。当他说明来意，刘鲁彬出人意料地当着弟弟的面告诉大家，她，就是黄骅的女儿。原来，这个秘密已埋藏在她心中多年。“小时候没人的时候妈妈经常给我讲‘黄骅叔叔’的故事，还给我两张照片让我收好，我对自己的身世逐渐明白了一些，可弟弟妹妹们都不知道。”

2012年，黄骅市政府动员黄鲁滨在这里定居。

能够日夜陪伴父亲，是黄鲁滨一直的心愿，她毫不犹豫地举家迁到这里。当人们问她从杭州这样的大城市搬到一个小县城会不会不习惯时，黄鲁滨总会笑答，“这里才是我的家，我想了她几十年才回来。”1943年父亲牺牲时，黄鲁滨尚未满月。之后，她随母亲离开冀鲁边区，像一叶浮萍，在时间的河里兜兜转转，再次回到这里，已是64年之后。“感谢黄骅人民帮我找到了回家的路。”采访中，黄鲁滨发出肺腑之言。

以善微回报大恩

生命可以画上休止符，但精神的乐章却能代代传唱。

回归到平常的生活，黄鲁滨像过往那般，把所有的精力投入到父辈革命精神的传承和发扬上。其实，真正让黄鲁滨住进医院，不光是情绪波动，还有劳累。黄鲁滨有个响当当的“名头”——“夕阳红花社广场舞”领队兼教练，这支平均年龄在64岁的广场舞团队在黄骅很有名气，在黄骅市每年组织的广场舞比赛中，她们常名列前茅。9月29日，黄骅市文体局将举办“河北省广场舞选拔赛”，这让黄鲁滨很兴奋，更大的舞台意味着更多的人气，这支以“唱红歌、跳红舞”为特色的广场舞团可以走出黄骅推广宣传“红色广场舞”，“作为英烈后代，我跳的舞，不仅要充满正能量，还要传递革命信仰”。“大海航行靠舵手”“游击队歌”“保卫黄河”等充满革命激情的歌曲，再伴以广场舞队员们铿锵有力的动作，经常会引

黄鲁滨和她的广场舞团

来行人驻足观看，舞蹈结束，她们还要喊起响亮的口号：“万众一心、缅怀先烈，牢记历史、珍爱和平！”

即将来临的比赛也让好强的黄鲁滨很着急，今年她们的广场舞新编排了几首有关红军的歌曲，舞蹈动作大家还不熟练。阅兵一回来，她就召集大家训练，从晚上 7 点开始一直练到夜里 11 点，高强度的运动还是让她累倒了。黄鲁滨不仅长相酷似父亲，骨子里也有父亲那样一定要打胜仗的决心。“要么不做，要做就要做好，我们跳的是红舞，要跳出精气神，跳不好，别人就会说，你看黄骅的女儿是这样一个精神面貌。”

小小广场舞，跳出大舞台。广场舞把上百位小区里的退休老人聚在一起，黄鲁滨发动大家，老有所用，做了很多事情。她们晚上跳舞白天忙公益、忙宣传。黄鲁滨在小区里成立了一个“花社”，组织老人在一起做手工品，并定时进行义卖，所得收入支援贫困户。

黄鲁滨的家离父亲黄骅的陵园很近，这也是当年黄鲁滨安家的重要考量——能常去看看父亲。现在，作为河北省重要的革命传统和爱国主义教育基地，每天都有很多游客来黄骅烈士陵园参观学习，黄鲁滨一有时间就赶过来为大家做义务讲解，人们听说她是烈士的女儿，就多一分兴趣和亲切。一人的力量是有限的，黄鲁滨发动舞蹈团里的伙伴一起加入宣讲中，“我们要让英雄的精神也在这里扎下根。”

黄鲁滨没担任过任何职务，没有退休金，作为烈士子女，黄骅市政府每年给她些生活补贴，但她把这些钱又都“还给”了黄骅的乡亲们，谁家有困难，只要她知道，就会把钱送过去。她组织大家跳舞，购置音响、服装的费用，都是她自掏腰包。“这里的水

黄鲁滨在父亲雕塑前

在大赵村惨案遗址前

是咸的，土是碱的，但心是甜的。我深爱这片土地和这里的人民。作为黄骅的女儿，我做不了大事，就做点小事。这也算我对得起父亲，对得起黄骅的人民。”城市以英雄为骄傲，英雄以人民为担当。她身边总是聚拢着人群，不仅有她年龄相仿的姐妹们，还有好多年轻人。黄骅这座以英雄名字的城市，人们向往英雄，崇敬英雄，爱戴英雄，或许这就是英雄城市的本色吧。

热心、豪爽，是人们对黄鲁滨的评价。但在采访中，细细地追问，就会发现这颗炽热的心被坎坷的人生经历包裹着。黄鲁滨15岁因知识青年上山下乡到青海农村插队，8年后留到西宁，在青海化肥厂当一名工人，结婚生子，此后在青海生活了近40年，把青春投入到建设大西北的热潮中。后来，化肥厂倒闭，迫于生活压力，加上为照顾生病的母亲，她们全家搬到母亲生活的城市——杭州，已快到退休年龄的她，重新就业，干过洗车工、护工、饭店的洗碗工，干得都是最苦的活，有时，一天要同时打几份工，经常是凌晨2点一直干到夜里11点，直至儿女都成家立业，她才歇下忙碌的脚步。

每年的清明节和父亲牺牲纪念日，黄鲁滨都会领着家人到大赵村惨案牺牲纪念馆，祭奠在这里牺牲的父亲。纪念馆前的小广场上，矗立着黄骅烈士纪念馆碑，碑身上镌刻着聂荣臻题写的“黄骅烈士永垂不朽”几个金色大字。每次来，她都要细抚碑身，寄上哀思。

◎ 人物小传

黄骅（1911—1943年），湖北省阳新县木石港区凤凰乡良上村（现阳新县木港镇丰台村）人，原名黄金山，学名为有。1920年到本村小学当炊事员。由于天资聪颖，刻苦用功，也学到了一些学问。后来他又当过裁缝学徒、木匠学徒。1926年他15岁时看到共产党领导农民打土豪分田地，随即参加了革命的洪流。1929年加入中国共产党，同年参加了红军。1936年进红军大学学习，毕业后任团政委，1938年任冀鲁豫军区司令员，1941年调任渤海军区副司令员。他智勇双全，在敌强我弱的情况下，灵活运用“集中优势兵力，打击其一点”的方针，取得了很大胜利。1943年6月遭叛徒行刺遇难，时任八路军115师教导六旅副旅长兼冀鲁边军区副司令员。

16 风骨先生

——记“两弹一星”元勋郭永怀烈士夫人李佩

初心小记：李佩先生就是这样的人，一生历经了常人难以想象的波折，却风骨傲立：中年失去爱人，晚年失去女儿，她当然心疼；年逾六十扛起工作，年逾九十依然退而不休，为传承科学知识的薪火四处奔波，她当然劳累。但这一切，她都默默承受。她就是这样的人，她心中有更大的追求。这个追求，在她20世纪追随郭老回到祖国时，就已经深深烙在心中。那时，他们从大洋彼岸远望祖国。“我自认为，作为一个中国人，有责任回到祖国，和人民一道，共同建设我们美丽的山河。”

2016年，李佩先生在家中接受笔者专访，左起：李佩先生、郭永华学生、中科院力学所研究员谈庆明教授、李佩先生外甥女袁和

“先生”，是身边人对她的称谓。

她一生历经了常人难以想象的波折，却风骨傲立：中年失去爱人，晚年失去女儿，年逾 90 岁依然退而不休，为传承科学知识的薪火四处奔波，这一切她都默默承受，不悲不喜。

她心中有更大的追求，这个追求，在她上个世纪追随爱人郭永怀回到祖国时，就已经深深烙在心中。轮船启航，他们从大洋彼岸远望祖国，“我自认为，作为一个中国人，有责任回到祖国，和人民一道，共同建设我们美丽的山河。”

2017 年 1 月，过完新年，这位一生写满传奇的老人乘鹤西去，将最美的背影留给人间。2015 年，笔者曾在李佩先生位于中关村的家中采访了她，得知先生去世时，先生那平和温润的笑容一直在脑海中浮现。

郭永怀是我国“两弹一星”元勋中唯一一位烈士。1968 年 12 月 5 日，郭永怀从青海实验基地乘坐夜航回北京报告一组重要数据，在离北京上空 400 米的高空，飞机发生事故，腾起一团火球。当人们从机身残骸中寻找到郭永怀时，发现他的遗体同警卫员紧紧抱在一起。烧焦的两具遗体被吃力地分开后，中间掉出一个装着绝密文件的公文包，完好无损。

在寻访郭永怀的亲属时，笔者得知他的夫人李佩，年近百岁，这位近百岁的老人，一生同样写满传奇：她曾代表中国女性在国际上发出了第一个声音；她是中国的“应用语言之母”；80 多岁时，还站在讲台上为中国科学院的博士讲授英语；90 多岁时，张罗起“中关村专家论坛”，并亲自主持，凭她的威望，

郭永怀与李佩年轻时的合影

请来厉以宁讲国家经济发展，请来何祚庥、黄祖洽讲国家科技发展……前阵子，曾长期担任北京大学社会科学部部长的程郁缀教授，在论坛上讲的中国古代文学，应听众需要，整理成册付梓出版，扉页上赫然一行字，“献给李佩先生和她主持的中关村专家论坛”。“先生”，是身边人对她的称谓。

2003 年、2007 年、2013 年，她分三次，将全部积蓄和郭老遗物赠予了中国科学院力学所和中国科技大学。

随着有关李佩先生的资料慢慢在笔者的案头垒砌，一幅着满迷人色彩的画卷徐徐展开。这是一位与祖国共同成长，历尽波折而展现非凡人格魅力的伟大女性。2015 年二月早春，笔者带着迫不及待的心情走进李佩先生的居所，聆听她与郭老举案齐眉的情谊和她高山仰止的人生。

“特级楼”里的老先生

李佩先生住在北京市中关村科源社区，这里头，一些建成年代不一、高矮不齐的楼房挤在一起。小区最南头的 13、14、15 号楼是三层小楼，也是中关村最早的建筑之一，建成于 20 世纪 50 年代，人们叫它们“特级楼”，意思是给特殊科技人才住的小楼。钱学森、钱三强、竺可桢等著名科学家都曾居住于此。

自 1956 年 10 月，随郭永怀回国，李佩先生一直住在这里，家具摆设还是以前的老样子，这是她与老郭的家，无论什么时候她都舍不得离开。年近百岁的李佩先生，耳聪目明，气骨苍然。

新中国诞生前夕，郭永怀在康奈儿大学参加了中国留学生进步组织——留美中国科学工作者协会。大家谈论最多的，还是远在大洋彼岸的学子通过什么途径，把学到的科学知识献给祖国，但由于他们在学术上的突出成就已引起美国方面注意，美国不会轻易放任他们回到中国。这样，他们就一直在焦灼中等

20 世纪 60 年代，李佩家中的常客，右起郭永怀、李佩、女儿郭芹、汪德昭院士及爱人李惠年

待着。

1955 年 8 月，朝鲜停战协定签订后，美国政府把禁止中国学者出境的禁令取消。“禁令一取消，老郭就坐不住了，整天和我盘算着回国的事。老郭那时已经是康奈儿大学的教授，许多朋友都劝他，康奈儿大学教授的职位很不错了，孩子将来在美国也可以受到更好的教育，为什么总是挂记着那个贫穷的家园呢？老郭说，家穷国贫，只能说明当儿子的无能！我自认为，作为一个中国人，有责任回到祖国，和人民一道，共同建设我们美丽的山河。”李佩先生回忆道。

钱学森也在 1955 年回到祖国。1956 年 2 月、6 月，钱学森两次给郭永怀飞鸿传书，盼他回国的急切之情跃然笔端：“快来，快来！……这里才是真正科学工作的乐园!”“请你到中国科学院的力学研究所来工作，我们已经为你在所里准备好了办公室，你的住房也准备好了，离我们也很近，算是近邻。”

在钱学森等人的召唤下，响应祖国建设需要，1956年10月，郭永怀拒绝了康奈儿大学的百般挽留，放弃优厚条件，乘船回到祖国。

郭永怀一回国，就和钱学森、钱伟长投身于刚组建的力学研究所的科技领导工作。1956年年底，郭永怀受命出任研究所常务副所长。随后，我国将研制发射地球卫星提到议事日程上来，郭永怀负责人造地球卫星设计院的领导工作。

为加快核武器的研制步伐，1963年中央开始在青海进行试验，郭永怀经常在北京和青海奔波，频繁

郭永华一家

的高原反应，使50多岁的他显得格外苍老。

“1964年10月的一天，老郭和同事一起吃饭，平时他们很少聚会，但那天他们都非常高兴，事后，我才知道他们是庆祝原子弹爆炸成功。”李佩先生回忆道。

“老郭从没跟我说过他干什么，我也不问。他经常出差，每次要出差的时候，就自个儿拿一个小的手提箱，装一点衣服搁在里头，单位给他们几个配了个车，那时我一看到车停楼下，就知道老郭又要走了。”

见证毕加索给毛主席作画

从住进这栋小楼开始，李佩给人的印象就是一个低调而细心的科学家夫人，郭永怀的学生至今还记得，那时郭老师包里总会有个苹果，那是师母给郭老师预备的点心。很少有人知道，这个每天给郭老师包里放苹果的人，曾经在国际民主妇联上，代表中国女性发出了第一声。

李佩小时候住在北京东城南小街，那里距离东四沙滩的北京大学很近。她祖籍江苏镇江，父亲从英国伯明翰大学矿冶专业毕业回国后，全家迁到了北京。1936年，在教会学校贝满（Bridgeman）女中毕业后，李佩报考了北京大学、燕京大学和女子文理学院，她还考上了燕京医预科。虽然父亲也是留过洋的，但是，父母仍觉得“女子无才便是德”，不同意她上大学，更不让她上男女合校。最后，经过李佩一番抗争，父母妥协的结果是读北大，因为离家近，可

1945 年，李佩在巴黎参加第一届妇女大会时的留影，左一为李佩

以走读。而没去上燕京大学是因为燕京在郊外，需要住宿。

1937 年，在北大经济系读了一年，抗日战争全面爆发。和很多同学一样，李佩也想找个安定的地方去读书，于是，1938 年，她到了西南联大。那是清华、北大和南开合办的一所大学。如今人们耳熟能详的一些科学大师和学术大家，那时候要么在昆明教书，要么在读书。尽管也时常会有空袭，但毕竟比内地要安定一些。在西南联大，李佩曾任一届学生会副会长。因为同情左派学生组织，帮助并参加过左派群团搞的一些活动，李佩等进步女生曾被三青团在女生宿舍门口贴布告辱骂。

1941 年，李佩从西南联大毕业后，来到重庆中国劳动协会工作。那时，美国两大工会组织为支持中国工人为抗战坚持生产，捐献了一大笔钱。为改善中国工人生活条件，中国劳动协会用捐款创办了一些工人福利项目，如工人托儿所、夜校、图书馆、福利社、医院等。当时，中国劳动协会的理事长是朱学范先生，一部分捐款被送到延安去了，用于购买医药设备等。

1945 年 11 月，第一届国际民主妇女联合会在巴黎召开，86 个国家的团体会员应邀出席。李佩因出色地组织了许多重大社会活动，加之能说一口流利的英语，被选为中国妇女代表，并作大会发言。

李佩那时还不是共产党员，她说自己并不能代表中国妇女，应该给共产党的代表保留一席之地。后来李佩回国，大会秘书处的来信或者来电就发到李佩这里，再由她去分投各地机关，包括当时的八路军办事处。这项工作，李佩一直干到 1947 年 2 月，她决定出国时为止。

这次大会还有一个不为人知的插曲，李佩见到了当时来巴黎参加国际工会的邓发，邓发说绘画大师毕加索要见他，以对传说中的延安表达敬仰之情。“我只是记得，毕加索让邓发带一张画送给毛主席，邓发还拿着画让我看了一下。”但不幸的是，邓发回国后，在赴延安途中因飞机失事，和叶挺、王若飞等人一道罹难，那幅珍贵的油画也从此消失。

李佩在重庆工作时，目睹了多次大型群众性活动，并亲身经历了 1946 年 2 月 10 日发生的“较场口事件”。当时，以民盟为首的民主党派组织群众大会，反对蒋介石政府撕毁旧政协协议，郭沫若等很多进步人士都挨打了。发生惨案时，李佩先生就在现场，只

1945 年 10 月，在法国巴黎合影。左起：陈家康、李佩、邓发、朱学范

是因为她当时帮助一位塔斯社记者做翻译，打人者忌惮塔斯社记者才幸免。

李佩出色的工作能力和英语水平，得到了当时美国工会在中国教育项目负责人的赏识，因而被推荐到美国康奈儿大学攻读硕士学位。1947 年 2 月，李佩开始了她在康奈儿大学工业与劳工关系学院的留学生涯。

正是在康奈儿大学，李佩遇到了她一生的知己——郭永怀。说起来，郭永怀与李佩还是校友，两人都曾就读于北京大学，又都在抗战开始后转赴西南联大。李佩到康奈儿大学留学时，郭永怀已经在康奈儿小有名气——作为“航空之父”流体力学大师冯·卡门的博士毕业生，他受邀在康奈儿大学航空工程研究生院任教，并成为研究生院三大支柱之一。在康奈儿，郭永怀从事的是当时最尖端的空气动力学课题——帮助飞机突破音障。经过努力，郭永怀和钱学森合作完成了震惊世界的重要数论论文，首次提出了“上临界马赫数”概念并得到了实验证实，为解决跨声速飞行问题奠定了坚实的理论基础。此后，声名大振的郭永怀参加了美国数学学会，并被加州理工学院特聘为研究员。

李佩到康奈儿时，那里已经有多位西南联大的校友，并经常组织聚会和科学报告。这样，李佩就和郭永怀，这两位在中国最好的大学毕业的年轻人，在美国最好的大学相遇相知。李佩后来回忆说：“我跟老郭倒也不一定是在康奈儿认识的，在西南联大时，我们彼此就知道有这么个人。”

俱往矣，李佩在嫁给了郭永怀之后，很少对人说起这些经历，她只是在家庭中辅佐老郭、照料孩子，在自己的工作岗位默默耕耘。

老郭走了

1968 年 12 月 5 日，郭永怀按计划要从青海核弹研究基地返京，但却迟迟没回来。那时，李佩已随工作单位——中国科技大学到安徽合肥工作，她接到所里的紧急电报，连夜乘火车到北京，一进家门就感觉出异样，老郭的领导同事站满了屋子，茶几上放着一片熏黑的镜片和怀表，当领导把飞机失事的消息告诉李佩时，她没掉一滴眼泪。采访时，李佩的外甥女陪同在她身边，回忆当时情形，她说，“姨妈一言未发，

郭永华与李佩的结婚照

就站在阳台，久久望向远方……”

那个她一直叫作老郭的人，再也看不见了。在外人看来，这个50岁就两鬓斑白的“老头”，总是低着头走路，步幅很大，甚至秋风吹落的树叶飘到他肩上，寒风撒下的雪花飞到他脸上，都不为之动容；而在李佩眼里，少言的老郭是有很多爱好的人，他有好几本集邮册，是一位不折不扣的“音乐发烧友”，家里有很多唱片，都是名家演奏的名作。老郭对植物颇有研究，那时，力学所有一个大花坛，其中就有迎春花，上下班经过这里，他会驻足观赏一会儿，那一串串迎春花在风中摇曳，像是从他思想中迸发出来的点点火花。

“她把对老郭的怀念之情深深地埋在心底。她尽可能把家里的布置保持原样。那架从美国带回来的钢琴还在原来的地方，我们曾在一起听表姐郭芹在这架钢琴上弹奏美妙的乐曲……”李佩先生的外甥女对笔者说。

后来，为纪念郭永怀，他的学生在中国科学院力学所的小院里立了个塑像，李佩就在塑像的下面挖了个穴，把老郭的骨灰从八宝山挪过来，把同老郭一起牺牲的警卫员小牟的骨灰也放了进去。李佩先生说，“小牟（牟方东）也是为跟着老郭才牺牲的。”

“她是神仙吗?”

改革开放后，科学的春天来临了。但面对百业待兴的现实，当务之急是培养出一批高水平的科技人才。创业维艰，年逾花甲的李佩再次焕发了青春，为开展科技英语教学，她踏上了崎岖征程，一走就是20多年。

1978年10月，新筹建的中科院研究生院正式开学，十年青黄不接，尤其是英语教学。中国科技大学研究生院首任院长严济慈找到李佩，几乎是不容考虑地要她出任外语教研室主任，解决研究生院的英语教学问题。随后，诺贝尔奖获得者李政道应邀来这里开设物理学前沿课程，他向严济慈提议举办“中美联合招考物理学学生”的项目，让中国的优秀物理人才，能够到海外去免费深造。当时托福之类的外语考试还没引进中国，为了让准备赴美国深造的学子打好语言基础，李佩就承担起了编写教材、组织考试的工作。后来，美国众多著名高校，只要看到李佩在学生的英语水平鉴定书上的签字，就视为通过。1989 年，美国一家语言教学研究杂志，特意刊登出一篇论文，称李佩为“中国应用语言学之母”。

笔者在采访时，翻阅资料，看到李佩先生前同事、中国科学院大学英语教授李晓棣的回忆文章中有

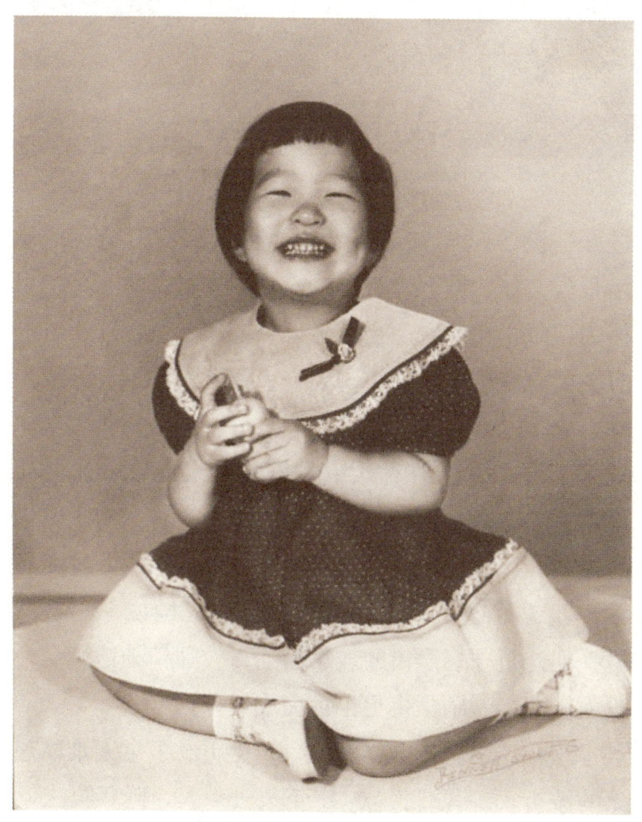

童年时的郭芹

1969 年，内蒙古知青合影。第一排右一为郭芹

这样一段话："李佩老师要求学生每人作 20 分钟的学术报告，作为结课考试，以检验学生语言的实际运用能力，每学期都有七十多名学生参加考试，这项工作至少要三个整天。到第一天中午我就受不了了，腰也塌下来了，真想第二天请个假歇一歇。可是我朝李佩老师那边一瞥，看见八十多岁的老人挺着笔直的腰杆，专注地听学生的演讲，并对每个演讲完的学生进行提问，我惊呆了。难道李佩老师是神仙吗？她就不累？我曾就这个问题问过李佩老师，她说，她当然累，但这是一场严肃的教学活动，教师精神饱满全情投入，才能激励学生更出色完成任务。"

李佩先生就是这样的人，一生历经了常人难以想象的波折，却风骨傲立：中年失去爱人，晚年失去女

李佩与郭芹。1996年，郭芹因癌症去世

儿，她当然心疼；年逾六十扛起工作，年逾九十依然退而不休，为传承科学知识的薪火四处奔波，她当然劳累，但这一切她都默默承受。她就是这样的人，她心中有更大的追求，这个追求，在她上个世纪追随郭老回到祖国时，就已经深深烙在心中。那时他们从大洋彼岸远望祖国，“我自认为，作为一个中国人，有责任回到祖国，和人民一道，共同建设我们美丽的山河。”

◎ 人物小传

郭永怀（1909—1968年），男，山东荣成人，中共党员。著名力学家、应用数学家、空气动力学家，中国科学院学部委员（即中国科学院院士），近代力学事业的奠基人之一，中国科学技术大学化学物理系首任系主任。

郭永怀长期从事航空工程研究，发现了上临界马赫数，发展了奇异摄动理论中的变形坐标法，即国际上公认的PLK方法，倡导了中国的高超声速流、电磁流体力学、爆炸力学的研究，培养了优秀力学人才。担负了国防科学研究的业务领导工作，为发展导弹、核弹与卫星事业作出了重要贡献。1999年被授予“两弹一星荣誉勋章”，是该群体中唯一一位获得“烈士”称号的科学家。

17 重温焦裕禄为人民鞠躬尽瘁的初心

——专访焦裕禄女儿焦守云

初心小记：“这就是父亲的初心和信念，他从小吃过苦受过难，知道老百姓不容易，长大后受过党的教育和党的恩情，他始终把自己当成人民的儿子，而且要当孝顺的儿子。你想想，给自己的父母办事还用讲条件吗?!”

从一封特殊的家书说起

2014年5月，在焦裕禄离开我们50周年的日子。焦裕禄的子女撰写了一封特殊的家书，向远在天堂的父亲倾诉无尽的思念。

亲爱的父亲：

您知道吗，如今的焦家已经四世同堂，是一个27人的大家庭，这个家庭温暖幸福。这么多年，您的儿女们是多么的想念您啊!

您去世后，我们过了一个又一个没有鞭炮没有欢笑的春节。我们最怕过春节、也最怕清明

焦守云（中）与在电影《焦裕禄》中饰演父亲的李雪健（右一）合影

节。那几年，每年的除夕夜，母亲都是流着泪包一整夜的饺子。大年初一给我们下完饺子后，她却不吃不喝地躺上一整天。我们心里清楚，母亲是在想念您啊！每到清明节，母亲手把着我们的小手给您扫墓，她有几次哭得昏倒在您的墓前，不得不让人搀着她回家，那情景让每一个人都心痛。

您的六个孩子，如今最小的也人到中年了。过了不惑之年的我们，同样也是食人间烟火的普通人。像其他人一样，我们也面临着“票子”“房子”“孩子”等种种生活中的难题。家中一样有人下岗，有人待业。虽然也有人当上了“七品”县官，但大多数都在普通的工作岗位上踏踏实实地工作着。生活中的我们无论过得好与不好，我们都记住您的教诲，靠自己本事生活。我们姊妹6人都是共产党员，我们都可以无愧地对您说，我们都是您的好儿女。

今年，是您的50周年忌辰，这50年来，我们对您的追思常常泪湿衣衫。每每回想起童年记忆中的您，以及您和母亲之间的那种挚爱深情，总会在内心深处涌起一股浓浓的思念之情。

如果您活着，您也一定对我们这个四世同堂的大家庭而喜不自禁，酷爱唱歌的您一定会指挥我们一家人高唱《黄河大合唱》吧，我们也会把工作生活的事情常说给您听听。

如果您活着，您也会为党和国家对我们这个小家庭的关心而备感欣慰。

习近平主席2009年专门来兰考，参观了您生活、工作的地方，还与我们围坐在一起，亲切地询问着我们工作生活的点点滴滴，习主席说，见到我们很高兴、很亲切，就像见到自己家里人一样。

从今年1月起，习近平总书记把兰考作为自己的联系点。习近平总书记还特地来到焦裕禄当年找到防治风沙良策并首先取得成功的地方——兰考县东坝头乡张庄村，叮嘱当地干部要切实关心贫困群众，带领群众艰苦奋斗，早日脱贫致富。

如果您活着，您一定不会离开兰考。您太爱兰考这片土地了，一草一木，一沟一壑您都用脚丈量过。现在您所牵挂的这片土地也变得富饶美丽，您爱兰考的乡亲，他们一定会像走亲戚一样来看您……

可是您走了，已经走了很久了。但我们知道您没有走远，没有走出兰考。或许您太累了，躺在兰考温暖而柔软的沙丘上歇息。白色的大理石棺柩没有隔断我们，我们还能清晰地看到您的影子。

我们想念您，亲爱的父亲！

您的儿女

2014 年 5 月 14 日

这封信的执笔者是焦裕禄的次女焦守云，她 1953 年出生，父亲去世那年，她 11 岁，50 年来，她对父亲的思念从未间断，在电视剧《焦裕禄》拍摄时，她亲手为饰演者织了一件父亲常穿的鸡心领口背心，她说，“如果父亲还在，为他织上一件毛衣，该是做女儿多大的幸福！”

2014 年 8 月，笔者来到河南兰考，专访了焦守云，踏着父亲曾经走过的路，我们在兰考一同回望了

焦裕禄家人和兰考人民

焦裕禄在兰考的470个日日夜夜，重温他为人民鞠躬尽瘁的初心。

8月8日 10：00兰考焦桐林
“看到泡桐树想起焦裕禄”

穿过兰考县城，经过将近五公里的路程，我们来到焦桐林。在一大片泡桐林的农田中，有一棵格外高大，要三四人才能合围起来，枝叶茂盛。焦守云介绍，这棵树就是父亲1963年亲手栽下的，至今已五十多年。这棵桐树长大后，当地老百姓为纪念老书记，用围栏将树围起来，并亲切地叫它“焦桐”。

现在，兰考随处可见挺拔葱郁的泡桐树，焦守云对笔者说，“你若清明前后来，就会看到泡桐树陆续开放淡紫色的喇叭花，一片片，簇拥在农舍田园四周，远看灿若云霞，近看繁花满树，成为兰考一道亮丽风景。”

在兰考时的焦裕禄

但把时光倒拨回几十年，这片多灾多难的土地却是另外一番面貌。黄河“十八弯”最后一道弯就在兰考。兰考80%都是黄河故道，这些河道将兰考糟蹋得是坑坑洼洼、混乱不堪。当地老百姓有句俗语道，“蛤蟆尿泡尿就要涝一涝，七天不下雨地皮烟就冒”，这是老天爷留给人的一块绝地。1962年冬，组织把焦裕禄安

焦桐林下的焦裕禄塑像

排来兰考时，正是兰考遭受内涝、风沙、盐碱“三害”最严重的时期。满眼是看不到边的黄沙，白茫茫的盐碱地上，枯草在寒风中抖动。老百姓每年分到手的口粮只有一两斤，大家都是拿着手巾包回去的。

焦裕禄在尉氏县的时候就有肝病，肝就已经开始疼了，但他却对上级组织说：感谢党把我派到最困难的地方，越是困难的地方越能锻炼人，请组织上放心，不改变兰考面貌，我决不离开那里。

“到了兰考，父亲没有选择在办公室里听汇报作讲话，而是一头扎进了群众中，调查第一手资料，向群众请教治理三害改变兰考面貌的办法。”

在兰考，焦裕禄主张干部直接深入群众，和群众融合在一起，与群众同吃同住同劳动。焦裕禄去杜瓢大队的大田里，社员们忙着春耕。由于耕牛不足，更多的是人拉犁，焦裕禄就和乡亲们一起拉犁。把身子绷成一张弓，头上热汗直淌。一旁的村民说道，“咱们村里人都说你不像个县委书记，县委书记是多大官呀，咱看那唱戏的，过去县官出巡，那得坐八抬大轿，衙役鸣锣，百姓回避。你呢，是一进地里就干活儿，看你拉犁，看你铡草，可是个真正的庄稼把式。”

同群众打成一片，老百姓知道的东西，干部才能都知道。经过一段时间的走访调研，焦裕禄带领大家找到了治理“三害”的土办法——“扎针贴膏药”，“扎针”就是种泡桐，“贴膏药”就是翻淤泥盖住沙丘。

“当时困难得很，都是劳力在封沙丘、种泡桐，妇女和小孩在外地要饭，要了饭回来再吃，父亲正是在这种环境下，吃着老百姓讨回的饭，带领兰考干部群众在盐碱地上创造了今天的绿洲。”

“我们在父亲身边，感到父亲从不把自己当成群众之上的领导，而是群众之中的子弟。”焦守云告诉笔者，“父亲常说领导干部应该站在群众中间，群众是真正的英雄，只有相信人民，投入到群众生气勃勃的生活生产中，才能获取力量。”

在焦桐林采访时，我们看到很多老百姓在焦桐林下纳凉，有说有笑。一位姓魏的大爷拿着扫把清扫四周杂物，我跟他攀谈，得知他义务维护焦林有几十年的时间。他拉我的手说，“当年是焦书记让俺们全家有饭吃，俺们永远不会忘记焦书记。”在这片焦桐林中，我们深深感到焦裕禄并没有离开兰考人民，而是化身为这棵参天泡桐，为兰考人民撑起了另一片天！人民也用自己的方式铭记好书记，大家在歌谣中唱道：看到泡桐树，想起焦裕禄……

8 月 8 日 13：00 兰考火车站
“当人民的孝顺儿子”

在我们从焦桐林去往焦裕禄纪念园的路上，路过了兰考火车站，这栋位于县城中心，并不起眼的火车站却曾承载了焦裕禄 470 个日日夜夜的忧思。

到兰考不久，焦裕禄到火车站看望群众。那天夜里，兰考火车站几乎被漫天大雪淹没了，车站的屋檐下，挂着尺把长的冰柱，外逃的灾民穿着国家救济的棉衣拥挤在候车室里，他们正等着登上开往丰收地区的列车……

看到这些背井离乡的灾民，焦裕禄的眼睛湿润了。他召集在家的县委委员开会，人们到齐后，他沉重地说：“党把这 36 万人民交给了我们，我们没能领导他们战胜自然灾害，工作没做好，应该感到羞耻和痛心。”

在兰考的 470 个日日夜夜，焦裕禄一直为如何让老百姓吃饱饭，过上幸福生活而着急奔忙。时间不够用，他就把自己弄成了铜皮铁骨，连轴转。焦守云说，“你们新时期长大的人，可能无法理解我父亲那种‘心中装着群众，唯独没有自己’的状态，但我给你讲一个事，你可能就明白了——

“父亲在兰考工作的那年冬天雪格外大，父亲经常忍着肝疼，跟干部一起拉车走夜路给乡亲送救灾棉衣。有一次，他们走了一夜到了孙梁村，到了无儿无女的五保户梁大爷家，看到大爷正生病，披着单衣瑟瑟发抖，老伴双目失明，在炕上躺着。老人问，这么大雪，你来看我们，给我送棉衣，你是谁啊？父亲回答：我是您儿子……公社王书记告诉梁大爷，这是县委的焦书记。梁大娘摸索着走过来，‘让我摸摸我的好儿子，俺的眼瞎，但心不瞎，俺记得一辈子……’

“这就是父亲的初心和信念，他从小吃过苦受过难，知道老百姓不容易，长大后受过党的教育和党的恩情，他始终把自己当成人民的儿子，而且要当孝顺的儿子。你想想，给自己的父母办事还用讲条件吗?!”

还是在这里，兰考火车站。1966年2月26日，在焦裕禄逝世近两年后，根据焦裕禄生前的遗愿和兰考人民的强烈愿望，河南省委决定将焦裕禄的遗体从郑州迁葬于兰考。当天兰考万人空巷，火车站人山人海，街两边挂满了挽联，当焦裕禄的棺木刚刚在街头出现，悲痛的人群，不顾一切地冲向前去，泣不成声。火车站离墓地不到三里地，整整走了两个半小时，这天对兰考人民而言，是一个泪水浸泡的日子。“苍天含黛，大河呜咽”，兰考人民以泪洗面，迎回了“被兰考活活累死”的焦书记。

8月8日14：00 焦裕禄纪念园
“天上一颗星地下一个丁”

焦裕禄纪念园中有革命烈士纪念碑、焦裕禄烈士墓、焦裕禄同志纪念馆。兰考人民在黄河故堤的一个沙丘上，修建了焦裕禄烈士陵园，陵园里参天的泡

游客在焦裕禄纪念馆里参观

桐柳荫蔽日，白色的大理石砌筑的墓地上竖着一面屏壁，镌刻着毛主席的题字：“为人民而死，虽死犹荣”。

半个世纪来，兰考的面貌发生了翻天覆地的变化，但老百姓对焦裕禄的感情到现在一点没有变。据纪念园工作人员介绍，每天都有上万人次前来参观吊唁，尤其是清明和焦裕禄逝世日，人数更多。

焦裕禄纪念馆里展出了焦裕禄的遗物。他坐过的一把藤椅，右边扶手下是一个大窟窿。焦裕禄长期身患肝病，他带病工作，肝疼无法忍受时就把右脚踩在椅子上，用钢笔、茶缸盖儿、鸡毛掸顶着肝部，日子久了，他坐的藤椅顶了一个大窟窿。他穿过的一件件衣服，没有一件是完整的。他穿过的衣帽鞋袜都是缝了又缝，补了又补的，他用过的一条被子上有 42 个补丁，褥子上有 36 个补丁。

“父亲生前一直教育我们不能有任何特权思想，我哥哥曾经没有花钱看了一场白戏，父亲知道后，带着他把票钱补上。他到戏院看到群众陆续入场，但前三排的位置一直都空着，后来知道，这前三都是给县委领导留的，而中间最好的那个位置又叫‘前三排排长’正是给书记留的，父亲听后很痛心，回去后，父亲专门起草了《干部十不准》，规定任何干部在任何时候都不能搞特殊化。”

焦守云告诉笔者，父亲去世后，给他们留下的唯一遗物就是一块破旧的手表。“父亲走后，我们生活很拮据，我们姊妹多，当时最小的弟弟才 3 岁多，加上奶奶、姥姥两个老人，一家 9 口全靠母亲的工资和上级给的抚恤金艰难度日。有时，哥哥没衣服穿了，母亲就把父亲穿过的旧衣服找出来，用剪刀、针线把衣服改小，母亲边做活儿边流泪，有几次竟泪眼模糊而被针刺破了手指。在我的记忆里，自从父亲去世

小时候的焦守云在给同学们讲父亲的故事

焦裕禄在世时，这个大家庭没有一张“全家福”。1966年2月，徐俊雅和六个子女在家门前的合影

后，母亲连一件像样的衣服都没穿过。她始终牢记着父亲临终前的嘱托：‘我死后，你会很难，但日子再苦再难也不要伸手向组织上要补助，要救济。’”

长大后他们兄妹六人，相继入党、工作、成家，在各自的工作岗位上，做普普通通的人，干普普通通的事，“我们站在父亲的‘光环’下，就更要守得住寂寞、耐得住贫穷。‘焦裕禄的孩子’，在生活中就像一把尺子，度量着我们的日常行为。这么多年来，我们一家没有一个在人生的道路上被别人说三道四。”

2012年，电视剧《焦裕禄》在全国播出，电视剧主题曲的词作者正是焦守云。填词的时候，父亲的一生像电影一样在她脑海中闪回，随着最后一帧画面的定格，饱含深情的文字开始在她的笔端流淌：出门时我喊了一声娘，娘抻平我的旧衣裳。娘啊娘，你的话儿我记心上。天上一颗星，地下一个丁……这首叫

《喊了一声娘》的主题曲的歌词一气呵成。

焦裕禄出生在山东淄博的一个小山村，自幼丧父，母子相依为命，逃过荒、要过饭、下过矿井。1964 年 5 月，焦裕禄病逝，老母千里来送终，一夜间白发苍苍，送走了儿子，又一人返回故土，纤瘦的背影在风中渐行渐远。这个画面就一直留在了焦守云脑海中。焦守云与奶奶共同生活了 9 年，她说，“奶奶就像大山一样宽厚无言，再大的困难面前都不曾低头，坚韧地面对生活，奶奶对父亲影响很大，奶奶常说，天上一颗星，地下一个丁，就是说人来世上不能白白走一遭，要有担当才能像天上星一样放光芒。父亲就是这样带着奶奶的叮嘱走出大山，南下，到了兰考这片更艰苦的土地。”

◎ 人物小传

焦裕禄(1922 年 8 月 16 日—1964 年 5 月 14 日)，山东淄博博山县北崮山村人，原兰考县委书记，干部楷模，中国共产党革命烈士。在兰考担任县委书记时所表现出来的“亲民爱民、艰苦奋斗、科学求实、迎难而上、无私奉献”的精神，被后人称为“焦裕禄精神”。

1922 年 8 月 16 日，焦裕禄出生在一个贫苦家庭，1946 年加入了中国共产党，1950 年，被任命为尉氏县大营区委副书记兼区长，1954 年 8 月相继在哈尔滨工业大学、大连起重机厂机械加工车间进修，1962

年被调到河南省兰考县担任县委书记，1964年因肝癌病逝于郑州，终年42岁。

2009年9月10日，在中央宣传部、中央组织部等11个部门联合组织的评选活动中，焦裕禄被评为“100位新中国成立以来感动中国人物”。

18 在身边感悟伯父周恩来的人格风范

——周秉德讲述她与总理的故事

初心小记：伯伯和七妈一生都对祖国和人民怀有无限真挚和永恒的爱，他们对党的事业始终是忠诚不二的，他们一直以言以行真诚带领我们全家“向无产阶级投降”！当然，“向无产阶级投降”并非是一件轻而易举的事，也不是一个简单易行的过程、单一的方式，而是一条复杂、崎岖、漫长的思想改造的历程。但是，有一条原则是永远不会变的：我们周家世世代代都要像伯伯、七妈一样，把祖国的繁荣昌盛和人民的幸福看得高于一切，永远做中华民族的优秀子孙！

周秉德在北京接受笔者专访

“我是晚辈，他是我最亲爱的伯父；我是老百姓，他是我最崇敬的人民好总理。”周秉德，1937 年生人，是周总理三弟周恩寿的长女，12 岁随父母迁入北京，随后住进中南海西花厅，在周总理夫妇身边度过了自己的少年和青年岁月。15 年间，周秉德陪伴在总理身边，亲眼看见、亲耳聆听了总理许多鲜为人知、感人至深的言行，得到了周总理的言传身教。

2013 年 3 月 1 日，为纪念周总理诞辰 115 周年，延安精神研究会与国家图书馆共同举办了“纪念周恩来总理诞辰 115 周年系列讲座”，周秉德以“在身边感悟伯父周恩来的人格风范”为题，讲述了她在伯父周恩来身边的日子，讲述了周总理——人民总理爱人民，人民总理人民爱的人格魅力。笔者到会聆听了她的讲述。随后，笔者通过延安精神研究会联系到周秉德，并于 3 月 21 日对其进行了专访。以下是周秉德的口述。

（一）

伯伯与七妈（周秉德称呼伯母邓颖超为“七妈”）自 1925 年 8 月 8 日在广州结婚，到 1976 年 1 月 8 日伯伯去世，他们的婚姻整整持续了 50 年又 5 个月。他们这 50 年的生活轨迹始终与我们国家、我们民族的命运同步，他们是千千万万革命伴侣的光辉典范，伯伯和七妈的伟大爱情是在中国革命实践中萌发并逐渐成长的。50 年来，他们始终恩爱如初，伯伯一直称呼七妈“小超”，就是在伯伯去世时，七妈所献的花圈上，仍写的是“小超哀献”。

伯伯与七妈的书信往来非常多，现在已编辑成书。这些书信中交织着他们坚贞淳朴的爱情和共同的革命信仰。伯伯给七妈写信落款常用“鸾”，而七妈

1951 年，周秉德与周总理合影

也常常在信中自称“凤”。

我在他们许多张两人合影中，发现好几张是在 8 月份所拍，刚好是他们结婚逢五逢十周年，1940 年、1950 年、1955 年、1965 年等，他们从不为结婚周年

周秉德与七妈邓颖超合影

搞活动，只是自己心中有数罢了。在几十年的共同生活中，他们精心总结出以“平等”为核心的“八互”原则，即互敬、互爱、互信、互勉、互助、互让、互谅、互慰。他们在实践中身体力行，不断总结经验，不断栽培爱情之花，从而盛开不败。他们的结合是基于共同理想信念。七妈曾赋诗给伯伯：“夫妻庆幸能到老，无限深情在险中，互协互伴机缘少，革命情谊万年长。”

他们的感情极为深厚、纯洁、诚挚。1954 年春季，伯伯去日内瓦开国际会议，时间较长，七妈将院内花朵轧平，请信使带去，还将一片枫叶贴在纸上，写着“枫叶一片，寄上想念”。后来，伯伯的回信写道：“你的信收到了，你还是那样热情和理性交织着，这是老而弥坚，我愧不及你……现已深夜四时了，还有许多事未办。明日信使待发，只好书此，并附上同志们收集的院花，聊寄远念。”

1969 年，越南国家主席胡志明逝世，伯伯率团吊唁。当时正值越南战争，美国飞机经常轰炸，七妈非常担心伯伯安危。伯伯一进门，七妈就急匆匆从沙发上站起来，快步上前，边走边说：“哎呀，老头子，你可回来了！你得亲我一下，我在电视上看见你在越南亲吻了那么多漂亮的女孩子！”伯伯听后哈哈笑着，把七妈揽在怀里，两人温柔而又风度地紧紧拥抱在一起，伯伯深情地在七妈脸上吻了一下。那么自然、那么亲切，那么旁若无人，可见，他们的感情是多么之好。

伯伯工作太忙，到最后的十年，更加忙，总是通宵工作，起来又常常去开会、接见外宾。七妈平时见不到伯伯，她就想办法，给他留字条，叮嘱他休息、运动、吃药等。伯伯曾对我说，找终身的伴侣要志同道合、人生目标要一致，这是最重要的，其余都是次要。

（二）

伯伯和七妈一生都对祖国和人民怀有无限真挚和

永恒的爱，他们对党的事业始终是忠诚不二的，他们一直以言以行真诚带领我们全家“向无产阶级投降”！当然，“向无产阶级投降”并非是一件轻而易举的事，也不是一个简单易行的过程、单一的方式，而是一条复杂、崎岖、漫长的思想改造的历程。但是，有一条原则是永远不会变的：我们周家世世代代都要像伯伯、七妈一样，把祖国的繁荣昌盛和人民的幸福看得高于一切，永远做中华民族的优秀子孙！

1976 年 1 月 8 日，伯伯在北京去世。在人民大会堂为伯伯举行的追悼会之后，七妈在台湾厅召集侄辈们、医务人员、身边工作人员开会，她说，“50 年代，我和你伯伯两人共同商定、相互保证，死后把我们的骨灰撒到祖国的大好河山、水土里去，从感情上你们难过，但用唯物主义的观点看，伯伯虽然肉体不存在了，而他的骨灰要在祖国大地河流里做肥料，继续为人民服务。”

在七妈讲过这些话的 23 年后，我也痛失相濡以沫 34 年的爱人沈人骅。三十多年来，我们彼此相亲相爱，互相呵护，从未红过脸、吵过嘴，有了矛盾总是先替对方着想，感情真挚之深切，很为周围亲友和晚辈们所羡慕。

他走后，大量的人群、鲜花和泪水涌进了我家，为他悲痛，为他惋惜。我体会到了他的人生价值，也想到了在他生前我们共同的心愿：向伯伯、七妈学习，死后将骨灰撒进大海，回归自然。23 年来，我已三次去天津海河送别亲人：公公、七妈、婆婆。

现在我最亲的丈夫也走上了这条路，虽是我们事先约定好了的，但这次我要下更大的决心才能这样

1951年，周秉德（左一）姐弟仨与伯伯周总理、伯母邓颖超在颐和园合影

做。最终，我还是毅然带着孩子们，由一些亲友陪同，租了条快艇，第四次走上送别亲人骨灰的水路！这条路走得多么悲烈啊，直到此时我才真切体会到当年七妈送别伯伯心中的那分沉痛。

在这之后的第三天，我在梦中忽然听到爱人熟悉的声音："哦，秉德是你吗？"我梦中喜出望外，真以为他回来了，忙问："你在哪儿？我去接你！"只听他微弱的声音："我还能在哪儿呢？"我惊醒了，泪流满面。是呀，我到哪里才能找到他呢?！我的心被撕碎了，我的头也涨大了，我恨自己怎么没有把他留在一个固定的地方，也好去看望他、怀念他，我这样做是不是太残酷了？我在苦苦思索着，终于又战胜了自己，明白过来：若干年后，我也会追随他，追随伯伯、七妈，我们那时会相聚的。我感到我的意志更坚强了，我也感

周秉德一家与伯母邓颖超在西花厅合影

到送他入大海，是我这个凡人的一次壮举。既然我们进入 21 世纪了，人类的科学知识已极大丰富，思想观念有了很大转变，那么殡葬习俗也该有所进步，目的只有一个，让人类的后代生活得更美好！

而我们对死者的怀念，是深深埋藏在心中的，绝不是表面的，更不是给别人看的。我在想念人骅、伯伯、七妈时，对着他们的照片，抚摸着、诉说着、亲吻着，比在墓地上更动情、更庄重、更持久！

（三）

1976 年，伯伯去世后，我跟伯母要一件衣服作纪念，七妈拿了一件伯伯生前的毛巾睡衣给我。衣服拿过来，我一看衣服上有几十个补丁，用手绢、毛巾、纱布。补了又补，我看后既震惊又难受。

伯伯一生最看重的、最珍视的不是手中的大权，不是个人的荣辱，不是吃穿享受，而是他胸前一直挂着的五个字“为人民服务”!

他从小对我们的教育也是要做普通劳动者，不要有任何特权思想，更不可以享受任何特权待遇。我们姐弟六个人，都曾离开北京去西北工作过很长时间。“文化大革命”前，二弟秉钧、四弟秉华按照伯父的精神、放弃了青年们首选的考大学的机会，去当了兵。“文化大革命”中，五弟秉和、六妹秉建去了陕北、内蒙古插队。后来，弟弟妹妹靠自己的努力当了兵，那时青年们最佳出路是当兵，总理知道后，又严令他们俩脱下军装，回到了上山下乡的农村和牧区。秉建在内蒙古生活了 26 年才被调回北京。

伯父要求我们要和全国老百姓一样过简朴日子。我们都是在伯父的教导下，一步一个脚印踏踏实实地走过来的。我们周家兄妹，都是普通老百姓，没有人当大官，没有人经商挣大钱。

现在改革开放 40 年了，中国富强了，人民生活富裕了，我们兄妹六个的生活也和大家一样，幸福、知足常乐。现在，我们几个兄妹都退休了。我退休也

周总理与邓颖超合影

闲不住，经常到各地宣讲周恩来精神。当然，更多的是受学校等单位邀请过去给大家讲讲，我感到很高兴，说明大家没有忘记总理。我尤其喜欢与青年人交流，青年人是民族的希望。在好多青年人心目中，周总理不仅是国家领袖，更是青年俊杰，他在青年时就立志要为中华民族之崛起而读书，并为这个志向而坚持一生。我想只要青年人心中有志向，有梦想，坚定不移、脚踏实地向目标前进，个人的梦想、民族的梦想就一定能实现。

当然，对于我们党广大领导干部而言，伯父伟大的人格魅力、高尚的作风修养，真心实意、全心全意为人民服务的精神更值得去学习和践行。对于我们党而言，每年有二百多万新党员进入这个庞大的肌体，如何让这个肌体保持健康活力，需要有强大精神来支撑。我时常想，一部分腐败分子一顿饭就豪掷万金，他们不为百姓造福谋利而只想自己的享乐，这样的人、这样的干部对得起那些为新中国抛头洒血的烈士吗？对得起伯父等老一辈革命家的期望吗？想到这些，我就觉得我们作为红色后代，身上的责任更大，我们耳濡目染革命前辈的言行，能更真实地把革命传统、红色记忆传播出去。虽然七妈生前告诫我们要低调，但现在我从工作岗位退下来，不图名、不图利就为让更多人了解周恩来的品质和精神，通过了解老一辈共产党人的精神品质，更多的人就会对我们党曾经走过的道路满怀感激，对我们党今后的路充满信心！

19 关于信仰信念的几个问题

——与兰州军区空军政治部原主任李德林少将一席谈

对马克思主义的信仰，对社会主义和共产主义的信念，是共产党人的政治灵魂，是共产党人经受住任何考验的精神支柱。历史和现实表明，一个政党、一个民族，如果没有坚定的理想信念，就如同一盘散沙没有凝聚力，就会失去奋斗目标和前进方向。2017 年初，笔者与兰州军区空军政治部原主任李德林少将，谈论了如何坚定对马克思主义的信仰信念这一话题，并作了实录。

如何准确理解马克思主义这一概念

问：现在有人提出，当今世界发生了巨大变化，马克思主义作为现实的指导思想，还有没有现实基础和科学性；有的人甚至困惑，如果按照马、恩的设想，就没有十月革命，就没有中国革命的胜利和中华人民共和国的诞生。因为，马克思不仅说过“两个必然”，还说过社会主义首先在发达国家获得胜利，但实际情况并不是这样，因此疑惑就产生了。我们今天搞的是中国特色社会主义，距那时更遥远了，指导意义又在哪里呢？

答：这里，有一个如何认识把握马克思主义概念的问题。当人们在不同场合、不同语境中来使用“马克思主义”这个概念，如果不加以科学区分界定，就极易造成思想上的混乱。经常碰到的，有这么几种情况：

一是作为狭义和广义的马克思主义。作为狭义的马克思主义，指马克思、恩格斯所创立的科学理论体系，从内涵上包括马克思主义哲学、政治经济学和科学社会主义，人们也常常用其中的某个组成部分代替马克思主义。作为广义的马克思主义，是指马克思、恩格斯及其后来继承者的思想、观点、理论等科学体系。它包括马克思主义、列宁主义、毛泽东思想和中国特色社会主义理论体系。我们有时在广义上使用马克思主义时，实际上也包含了列宁主义、毛泽东思想和中国特色社会主义理论体系。有时单独使用中国特色社会主义理论体系时，实际上也包含了马克思主义、列宁主义和毛泽东思想。因为他们是一脉相承的，只不过存在时代性的区别而已。

二是作为政治层面和学术层面的马克思主义。作为政治层面的马克思主义，是我们党和国家的指导思想，在意识形态领域内具有主导地位，不容置疑、不容冒犯。因为这是国家宪法、党章所规定的，这是我们党从事革命、建设和改革的锐利思想武器，是我们的主心骨、“定海神针”，是确保我们事业胜利的根本保证。作为学术层面的马克思主义，是可以研究、可以探讨的。马克思主义理论的本性是开放的，是在革命、建设的实践中，不断经受检验、不断丰富发展的，一成不变的理论从来就是没有生命力的。同时，马克思主义是在与不同思潮的论战中彰显真理光芒的，它不是一种“贵族”理论，不能把学术上的探讨、质疑当成否定，那也是不对的。但在进行学术讨论中，千万不要忘记马克思主义的政治属性，以学术研究之名否定马克思主义指导地位，是不能允许的。

三是作为理论体系的马克思主义和作为个别思想的“马克思主义”。作为一个理论体系，马克思主义包括一系列相互联系、相互贯通的基本原理、基本观点、基本论断，必须完整准确地理解、辩证发展地对待，不能用某个结论、个别思想来否定整个体系。作为个别思想的“马克思主义”，是指马克思、恩格斯针对特定问题做出的思想阐发和结论。这种“个别思想”的产生，有的由于实践的局限，在对当时运动的指导上把握不够准确；有的随着社会历史条件的变化，需要做出一些调整，纠正以往的观点。在现实生活中，有的对马克思主义不从整体中理解把握，而是对个别结论任意阐发，偏离主轴，导致偏差。那么，我们坚定马克思主义的政治信仰，这里的马克思主义是指马克思主义理论体系里的基本原理、基本立场、基本观点和基本方法。这其中，有两个基本的东西，犹如光芒四射的灯塔，仍然在照耀着我们前行。一个是唯物主义的历史观，一个是剩余价值的理论。当前，资本主义同马克思、恩格斯所处的时代相比，确实发生了很大变化。但这种变化没有改变生产社会化和生产资料私人占有的基本矛盾，只要还存在资本主义制度，只要还存在资本和雇佣劳动的关系，马克思主义的剩余价值理论就不会过时。马克思主义政治经济学不仅是认识当代资本主义世界内在矛盾的思想武器和工具，也是认识当前中国经济社会矛盾的理论指南和科学方法，只要社会主义还没有完成历史使命，马克思主义的历史使命永远没有完结。我想，把唯物史观和剩余价值学说搞懂了、想透了，坚定马克思主义信仰就有了坚实的思想基础。

如何认识中国走上社会主义道路的历史必然性

问：中国走上社会主义道路，这是不争的事实。改革开放以来，我们在探索开辟中国特色社会主义道路的过程中，相继提出了社会主义初级阶段理论、社会主义市场经济理论等，不少同志从思想深处产生了疑问，当年马克思、恩格斯曾设想，社会主义首先会在发达国家实现，得出“两个绝不会”结论。而我们国家是在一穷二白、经济非常落后的情况下建立社会主义制度的，是不是选择这条道路搞早了？现在回过头来补经济发展的课，是不是在补资本主义发展的课？特别是苏联解体、东欧剧变、共产主义运动处于低潮时，这个问号更是拉大了、加长了。如何认识这个问题，也是影响我们信仰信念的一个关键问题。那么究竟怎么认识这个问题呢？

答：首先，中国选择社会主义符合人类社会发展的基本规律。人类社会的历史进程表明，社会形态的演进并不总是按照原始社会、奴隶社会、封建社会、资本主义社会和社会主义社会等先后顺序依次更替的，更不是只有在前一种社会形态完全发展成熟后才自动转入下一个社会形态的，而是丰富多彩的，是规律性和多样性、普遍性和特殊性的统一。

其次，中国走上社会主义道路是生产力与生产关系矛盾运动的生动体现。有些人常常引用马克思的“两个绝不会”来为中国社会主义“早产论”作辩护。毫无疑问，马克思的“两个绝不会”是正确的。但这是就整个人类社会的发展而言的，具体到哪一个单独的国家却未必如此。在中国这样落后的国家，选择并走上社会主义道路，然后利用先进的政治和生产关系，促进生产力的迅速发展，使原先不够成熟的“物质条件”成熟起来，是既符合辩证法，又符合历史唯物论。

第三，中国选择走社会主义道路是当时国际国内政治斗争的一种结果，并不是某一个人的一厢情愿。一般来说，在资本主义体系中，矛盾最尖锐的地方，就是资本主义统治最薄弱的地方。一方面，由于中国处于资本主义体系最薄弱环节上，从而为社会主义革命成功提供了可能。另一方面，就中国本身来讲，自鸦片战争爆发以来，多少仁人志士为了国家兴盛、民族富强，进行了一系列的不懈探索和斗争。太平天国革命、洋务运动、戊戌变法、辛亥革命等都没有成功，中国处于一盘散沙、任人宰割的状态。这时的中国先进知识分子们一直试图通过袁世凯来建立欧美式的资本主义民主共和国，但都未能成功。这期间，有两件大事，促进中国的知识分子转向。第一件事，第一次世界大战结束，巴黎和会中国外交失败，暴露出资本主义的虚伪性、双重性，使中国的先进分子深感失望和愤慨，成为“五四运动”爆发的直接导火索。第二件事，十月革命的成功，使苦苦探索救国救民之路的先进中国人找到了榜样。这个榜样满足了中国人民反帝反封建的双重诉求，使社会主义思想得到迅速的传播，中国共产党和中国工人阶级迅速走上了中国革命的前台。历史虚无主义者总是用“假如、假如”等来臆测历史发展，但历史事实不容虚无也无法虚无。晚清政府和后来的北洋军阀政府，都不愿搞资本主义，官僚资产阶级反动本质注定它不会真搞资本主义；民族资产阶级由于自身的软弱性、动摇性，决定了没有能力在中国实行资本主义，西方列强也不允许中国这个大块头成为独立的资本主义国家。因此，当时特殊的历史条件，堵死了中国走向资本主义的历史通道。

如何认识中国特色社会主义性质

问：为什么提出这个问题呢？一方面，人们对社会中出现的各种各样问题，尤其是对东西部差距、贫富差距、贪污腐败、教育医疗不公、环境破坏等等，存有思想疑问，进而影响到对中国特色社会主义的认识和认同，我们搞的这个中国特色社会主义，是不是老祖宗倡导的、人们期盼的社会主义？另一方面，我们取得了举世瞩目的伟大成就，比如三十多年高速发展，GDP 跃居世界第二，紧随美国之后，而且还呈现出勃发后劲。而取得这些辉煌成就的根本原因是什么呢？是马克思主义理论指导的结果，还是因为回过头来走西方资本主义发展道路的结果呢？

答：这些，都涉及对中国特色社会主义性质的认识。如果不能从根本上加以澄清，就会动摇对中国特色社会主义的坚定信念，进而影响我们对信仰的追求。首先，从理论上讲，中国特色社会主义没有违背科学社会主义的基本原则。经典作家曾预言社会主义首先在一个或几个发达国家取得胜利，但实际情况是恰恰发生在并不发达的俄国以及此后的中国等国家，这虽有其合理性，但也给新生的社会主义国家提出了新的课题和艰巨的任务，就是如何利用政权优势，集中精力搞建设，加快解放和发展生产力，创造出比资本主义更高的劳动生产率，为巩固国家政权奠定坚实的物质基础。其次，从国际共产主义运动的实践看，社会主义的建立可以有不同的起点，但没有更高的生产率不可能从根本上立住脚，落后国家搞社会主义，政治上的解放不等于经济上的解放，如何解放和发展生产力，使人民生活质量不断提高、社会始终充满生机活力是社会主义的永恒课题。经典作家从理论上给我们提供了社会主义前景，而社会主义的体制机制要靠我们不断探索创新，必须与时俱进，以适应时代的变化。苏联解体、东欧剧变是反面的印证。我国发展的巨大成就，不仅抗住了苏联、东欧多米诺骨牌的效应，而且“中国模式”成了世界热议的话题。

那么，如何认识中国社会当下存在的诸多问题呢？造成这些问题的原因是什么呢？总起来说，要跳出局部看全局、跳出中国看中国。只要公正地不带偏见地看问题，就会得出成就是主要的结论；只要具体客观的分析，就会明白许多问题，不是社会主义制度本身的问题，而是发展前进中的问题，是政治技术层面的问题。首先，科学理论与体制机制的衔接是要有实践时间作保障的。这如同自然科学中从相对论和量子力学诞生到原子弹爆炸、核电站建成有一个过程一样。中国特色社会主义作为理论体系在政治实践中，如何转换为体制机制，政治技术的发展完善，也需要有一个过程，不能指望有了好的理论就立即转化为政治成熟技术。这个过程是需要时间的，矛盾需要展开，共产党人不是神，况且又是前人从未干过的伟大事业，不可能料事如神，把所有事从开始就都想清楚、干明白，从某种意义上讲，试错也是在前进。其次，在国情和世情异常复杂的情况下，搞中国特色社会主义，既要有政治定力和魄力，还要有科学的精神、科学的方法，这又谈何容易，我们是在没有任何前人经验的基础上搞建设的。我认为，这些都是前进中的问题，发展中的问题。我们不能因为这些问题的存在就怀疑甚至否定中国特色社会主义。解决这些问题，只能用改革发展的办法，“向后看”是没有出路的。我们已经积累了经验和教训，为解决这些问题创造了主客观条件。千万不能因为这些问题的存在，而偏离正确的方向；千万不能因为这些问题的存在，就轻信西方政客们的蛊惑。中国的问题只能靠我们自己解决。要把“三个自信”牢固树立起来。苏联解体、东欧剧变的历史教训，使我们懂得资产阶级教师爷们的“谆谆教诲”是多么可怕，主张西化的人多么幼稚。我们有了建设中国特色社会主义的基本经验，为解决这些问题积累了智慧，只要我们坚定走中国特色社会主义道路，我们的前景一定是光明的。

如何认识共产主义理想

问： 今天的人们，为什么物质条件得到巨大改善，而理想信念反而淡化了，甚至不信，乃至嗤之以鼻呢？

答： 我认为，主要有以下两个方面原因：从实践层面看，共产主义从理论到实践，其间起伏跌宕，有过辉煌，也有过低潮。从《共产党宣言》发表至今170多年来，以巴黎公社起义、俄国十月革命成功、到第二次世界大战结束后社会主义阵营的兴起，向世人树起共产主义的旗帜，这面旗帜揭穿了一个神话，资本主义社会并不是历史发展的顶点，而只是一种过程。特别是第二次世界大战后，世界上形形色色的社会主义如雨后春笋，虽然有的并不科学，仅是慕名而已，但也说明了社会主义在当时巨大的影响力感召力。但是，随着实践的发展，社会主义有了几个低潮，特别是苏联解体、东欧剧变以后，一些信奉共产主义的人们真的有点瞠目结舌、不知所措。因为世界上第一个社会主义国家瞬间消失了，一点思想准备都没有。随后，世界上不少共产党更换党名，放弃阵地，甚至自行解散了，唯有以中国为代表的几个社会主义国家苦苦支撑，但形单势弱，是不争的事实。为了改变命运，社会主义国家相继进行改革，特别是中国的改革取得了举世瞩目的成就。但有的人认为，改革的成果、取得的成绩是资产阶级文明的复归，是借鉴资本主义的做法，特别是走市场化而取得的，人们感到这是向资本主义趋同，虽然喊的是中国特色社会主义，但只不过是一种隐性复归，同苏东等国家的显性失败没有什么两样。今天的世界，西强东弱这是不争的事实，政治、经济、军事的优势仍在西方。西方主导话语权导致我们有理发不出声音，使得我们在“资”“社”这一对结构性的矛盾中往往处于下风，而国际政治的现实，拳头就是真理并没有改变。这些使得不少人对共产主义的前途产生了疑问，个别的甚至放弃了信仰追求，信奉理想是虚的，金钱是实的，人生短暂不如好好享受生活。从理论层面看，长期以来，如邓小平同志所说的，由于我们对什么是社会主义并没有搞清楚，导致在思想宣传和工作指导上，处于一种理想化的状态，以至于人们把资本主义发展趋势的东西，当作在短时间内就能看到的现实，对于共产主义作为一个过程，在现阶段发展的艰巨性、长期性估计不足，盲目性、浮躁病相伴而生。而共产主义理想的实现也是一个过程，就阶段划分而言，我们中国共产党人在夺取政权、完成社会主义改造之后，就已进入共产主义社会，只不过是共产主义的低级阶段，而且是低级阶段的初级阶段。如果在这个阶段仍然实行无产阶级专政，坚持以阶级斗争为纲，不坚持以经济发展为中心，不以改善民生为首要，不解决好人们日益增长的物质文化需要，共产主义又怎么能给人们以现实的感召力呢！中国特色社会主义的立论基础，就是“初级阶段论”。这个判断，既没有降低，也没有拔高，这是一个实事求是的判断。说没有降低，是说中国已进入社会主义社会，我们基本的经济制度、政治制度符合马克思主义基本原理，没有改旗易帜、变调更音；说没有拔高，是说我们是共产主义低级阶段的初级阶段。中国特色社会主义是当下全中国人民的共同理想，眼下完成低级阶段还有一段相当长的发展过程，按邓小平同志的提法，从社会主义改造完成到初级阶段至少要经历 100 年，这不是自我贬低，长他人志气，而是由“双半社会”的历史起点决定的。改革开放以来，我们走过了西方经历二百多年的发展历程，国家从建国初期积弱积贫的状况，到今天成为全球第二大经济体，这是共产党人不懈追求的结果，更是理论、制度优势的体现。仅凭这一点，在共产主义旗帜引领下，我们应该有充分的自信。可是差距依然是明显的，问题积累也是相当多的，但这些问题挡不住我们前进的步伐，我们应该有这样的豪情和信心。

后记

青年应胸怀什么样的国家观

习近平总书记在党的十九大报告中指出，青年兴则国家兴，青年强则国家强。青年一代有理想、有本领、有担当，国家就有前途，民族就有希望。中国梦是历史的、现实的，也是未来的；是我们这一代的，更是青年一代的。中华民族伟大复兴的中国梦终将在一代代青年的接力奋斗中变为现实。

当前，我国绝大多数青年对中国特色社会主义事业和实现中华民族伟大复兴的中国梦充满信心。但也要看到，还有少数青年，尽管他们也生长在祖国屋檐之下，站在这片热土之上，却对国家是什么，国家属于谁，应该为国家做点什么，没有进行过深入的思考。为什么有些人生活富裕了感激党和国家，而有些人遇事便“呲必国家”？为什么有些人走出国门更加怀念在国内从没有意识到的幸福安稳日子，而有些人跑到国外却更加肆意地哀怨国家？这背后有一个价值判断的“开关”，那就是“国家观”。国家观的正确与否，直接关系到人们能否正确地认识个人与国家的关系，关系到能否凝聚共识，齐心向前，建设国家。对于直接关乎国家前途命运的青年群体来说，“国家观”这个问题显得尤为重要。

与国家分享发展的喜悦，胸怀坚定自信的国家观

国家观可以表述为“中国观”，也可以理解为“观中国”。当代青年如何“观中国”？国学大师王国维曾说：“以我观物，物皆著我色彩”，其言精辟指出了“观”的因人而异性。若能抛弃主观主义和情绪旋涡，以历史唯物主义为根本，以实事求是为前提，沿着纵向和横向比较两个维度，深刻辩证地审视我们这个国家，就能更加清晰客观理性地认识她。

站在纵向的历史坐标上，我们应该胸怀一份自豪和骄傲。在人类几千年的文明史上，中国在绝大部分时间都处于领先地位，不论是秦汉雄风，隋唐气象，还是康乾盛世，都在世界发展史上留下浓墨重彩的一笔。虽历经朝代更迭，中华文明一直连绵不绝，中华儿女以其勤劳和智慧为世界留下丰厚的文明宝藏，推动了世界文明的发展和进步。即使到了近代，西方诸国恃强凌弱，坚强的中国人并没有消沉。“人人奋青春之元气，发新中华青春中应发之曙光”，“我们决不能让伟大的可爱的中国，灭亡于帝国主义的肮脏的手里！”……这一声声救亡图存的肺腑之音成为震撼时代的最强音。在民族存亡的关键时刻，中华民族的优秀青年一直站在时代的最前列。尽管在不同的历史时期，青年有不同的表现，但其一以贯之的是对民族命

运的思考、对时代脉搏的呼应和对社会现实的关切。

生生不息的中国犹如涅槃的凤凰，在烈焰中获得重生。在中国共产党的领导下，探索出自己的发展道路，用了不到 30 年的时间建立了新中国，让中国人民摆脱水深火热；又用改革开放 40 年的时间，使中国人民过上了初步富裕安康的日子。

不论是理论层面还是实践层面，如果能够辩证地审视我们这个国家，就能够更加客观理性地认识这个国家，特别是中国特色社会主义所取得的巨大成就。现在，我们比历史上任何时期都更接近实现中华民族伟大复兴的目标，比历史上任何时期都更有信心、更有能力实现这个目标。当代青年成长在中国快速发展上升的时期，他们对祖国的发展，是有切身感受的，应该对我们的国家、对我们的时代感到自信。而这种自信就来自中国特色社会主义的道路自信、理论自信、制度自信和文化自信。这“四个自信”，不仅推动着中国特色社会主义事业不断发展，使中国道路越走越宽广，而且最终会给予老百姓实实在在的“好日子”和“好活法”。

与国家分担发展中的困难，胸怀使命自觉的国家观

当前，一些人对国家发展中出现的问题有怨言，对解决这些问题缺乏信心，很大程度上是因为对我国面临的形势不够理解。我国改革已经进入深水区和攻坚期，各种社会矛盾多发和凸显是有其必然性的。经

过 40 年的改革，容易改的问题都已经改了，留下来的都是比较难啃的硬骨头，而这些硬骨头又不是来自某一方面，而是来自经济、政治、文化、社会、生态以及党的建设等各个方面。继续深化各项改革，必然涉及一些重大利益关系的调整，涉及牵动全局的敏感问题和重大问题。因此，改革涉及的面必然会越来越广，不仅要深化经济体制改革，还需要深化政治体制、文化体制、社会体制、生态体制、国防和军队体制等诸多方面。可以说，我国的改革是中国历史也是人类发展史上涉及面最广、程度最深、难度最大、持续时间最长的一场革命。当前，这种复杂矛盾和发展面临的挑战是确确实实存在的，不容回避。

也许，少数青年对西方分化、打压中国的图谋目前还没有形成深刻认识。从国际上看，在中国成长发展过程中，来自西方世界的不仅仅是掌声和喝彩，还有批评和攻击。由于西方国家客观上掌控着国际话语权，几十年下来，中国发展的真实情况被严重扭曲，社会主义中国的形象也被恶意贬损。一些西方国家对我国不仅充满着各种疑虑，甚至充满着敌意。它们利用各种敏感时间和话题，肆意炒作社会热点，制造矛盾纷争，并通过各种手段把这些问题投射到青年身上，不仅使他们的思想更加复杂多变，而且动摇他们对社会主义的信仰，使他们对国家发展面临的形势过于悲观，甚至对国家命运前途产生了怀疑。

国家好不好，能否让人民共享发展的成果，人们的生活幸福与否，这些都不是其他国家所能施舍，更不是其他国家画饼式宣传就可以轻而易举获得的。它只与自己国家人民的努力特别是青年人的努力有关。

也就是说，只要我们的党和人民团结一心，我们的国家就一定能够实现富强、民主、文明、和谐、美丽。

青年要自觉胸怀使命，与国家分担困难。国家发展是过程性和实践性的，但是发展的愿望是理想性和迫切性的。因为过程性，所以发展需要时间，不可能一蹴而就；因为实践性，在扎扎实实地奋斗中就会受到客观条件的限制。我们坚信困难挫折是暂时的，也是国家发展完善的“磨炼石”，它们只会让我们党和政府更加坚定与成熟，在以后发展道路上处理各种困难更加游刃有余。因此，青年要与党和国家分担困难，共渡难关。

与国家共立一份愿景，胸怀奋斗自强的国家观

自从人类社会有了国家之后，人们必然生活在国家制度之下。尽管马克思主义认为国家必将消亡，但在现代社会中，主权国家无疑对每一个人发挥着无法替代的作用。祖国贫弱，个人也被外国人看不起；祖国强大，个人就会受到外国人的尊重和友好相待。这表明，个人尊严和荣誉是与祖国的尊严和荣誉紧密联系在一起的。

正因为个人与国家的这种密切关系，中华儿女常常心甘情愿地为祖国贡献自己的力量。历史回拨到革命年代，无数进步青年为了实现国家复兴的理想而付出，乃至牺牲生命，成就了伟大的人生。许多革命前辈年轻时都是青年才俊，他们走上革命救国的道路不

是一时冲动，而是因为他们深刻地认识到，个人的幸福与国家的兴衰是联系在一起的。当代青年也丝毫不逊于那些革命先辈，每当国家危难之际，他们总是毫不犹豫挺身而出。“多难兴邦”，因为困难可以震撼人们的心灵，唤醒人们内心的责任与使命。

习近平总书记在北京大学师生座谈会上的讲话中指出，青年的价值取向决定了未来整个社会的价值取向，而青年又处在价值观形成和确立的时期，抓好这一时期的价值观养成十分重要。这就像穿衣服扣扣子一样，如果第一粒扣错了，剩余的扣子都会扣错。人生的扣子从一开始就要扣好。青年大学生树立正确的国家观，坚定自信，使命自觉，奋斗自强，必能将中华民族伟大复兴的中国梦化为现实！

笔者之所以将这篇短文作为本书的后记，就在于书中近二十位故事的主人翁，某种意义都是青年俊杰，在他们所处的年代都是杰出青年的代表，在青年时代他们树立了正确国家观，将个人命运与国家命运紧紧联系在一起，命运与共，成就了一番关乎国家、民族命运的大事业，对当代青年人树立正确的国家观有着重要的启发意义。国家从来不是一个抽象的概念，家是最小国，国是千万家，有了强的国，才有富的家。对家庭的深情、对祖国的热爱更是我们追梦圆梦的力量源泉。从这个意义上讲，正确的国家观也代表一种正确的人生观，有正确国家观的青年，其人生注定会是充实的、饱满的和幸福的。